A soberania do Bem

FUNDAÇÃO EDITORA DA UNESP

Presidente do Conselho Curador
Mário Sérgio Vasconcelos

Diretor-Presidente
José Castilho Marques Neto

Editor-Executivo
Jézio Hernani Bomfim Gutierre

Superintendente Administrativo e Financeiro
William de Souza Agostinho

Assessores Editoriais
João Luís Ceccantini
Maria Candida Soares Del Masso

Conselho Editorial Acadêmico
Alberto Tsuyoshi Ikeda
Áureo Busetto
Célia Aparecida Ferreira Tolentino
Eda Maria Góes
Elisabete Maniglia
Elisabeth Criscuolo Urbinati
Ildeberto Muniz de Almeida
Maria de Lourdes Ortiz Gandini Baldan
Nilson Ghirardello
Vicente Pleitez

Editores-Assistentes
Anderson Nobara
Jorge Pereira Filho
Leandro Rodrigues

Iris Murdoch

A soberania do Bem

Tradução
Julián Fuks

© 1971 Iris Murdoch. Todos os direitos reservados.
Tradução autorizada da edição em inglês publicada pela
Routledge, membro do Taylor & Francis Group.
© 2012 Editora Unesp

Título original: *The Sovereignty of Good 2nd Edition*

Direitos de publicação reservados à:
Fundação Editora da Unesp (FEU)
Praça da Sé, 108
01001-900 – São Paulo – SP
Tel.: (0x11) 3242-7171
Fax: (0x11) 3242-7172
www.editoraunesp.com.br
www.livrariaunesp.com.br
feu@editora.unesp.br

CIP – Brasil. Catalogação na publicação
Sindicato Nacional dos Editores de Livros, RJ

M949s

Murdoch, Iris
  A soberania do Bem / Iris Murdoch; tradução Julián
Fuks. – 1.ed. – São Paulo: Editora Unesp, 2013.

  Tradução de: *The Sovereignty of Good*
  ISBN 978-85-393-0468-4

  1. Filosofia. 2. Maniqueísmo. I. Título.

13-04290   CDD: 100
                                                        CDU: 1

Editora afiliada:

Asociación de Editoriales Universitarias
de América Latina y el Caribe

Associação Brasileira de
Editoras Universitárias

Sumário

Prefácio   7

1. A ideia de perfeição   9
2. Sobre "Deus" e o "Bem"   67
3. A soberania do Bem sobre outros conceitos   107

Índice remissivo   143

Prefácio

Estes três ensaios já foram publicados antes. Gostaria de agradecer ao editor pela permissão de reimprimir "A ideia de perfeição" da *Yale Review* de 1964; à direção da Cambridge University Press pela permissão de reimprimir "A soberania do Bem sobre outros conceitos", que foi a palestra Leslie Stephen de 1967; à professora Marjorie Grene e ao grupo de estudos das Fundações de Unidade Cultural, e à editora Routledge & Kegan Paul pela permissão de reimprimir "Sobre 'Deus' e o 'Bem'", publicado em *The Anatomy of Knowledge* [A anatomia do conhecimento] em 1969. "A ideia de perfeição" baseia-se na palestra Ballard Mathews que dei na University College of North Wales em 1962.

Iris Murdoch

1.
A ideia de perfeição

Às vezes se diz, com irritação ou até com certa satisfação, que a filosofia não faz nenhum progresso. É decerto verdade – e acredito que essa seja uma característica permanente e não lamentável da disciplina – que a filosofia tem, em algum sentido, que continuar tentando retornar ao início: algo que não é nada fácil de fazer. Há um movimento em duas vias na filosofia: um em direção à construção de teorias elaboradas, e outro de volta à consideração dos fatos simples e óbvios. McTaggart diz que o tempo é irreal, Moore replica que acaba de tomar seu café da manhã. Esses dois aspectos da filosofia são necessários a ela.

Gostaria, nesta discussão, de tentar um movimento de retorno, tentar retraçar nossos passos para ver como se chegou a certa posição. A posição em questão, na filosofia moral atual, me parece insatisfatória de duas maneiras relacionadas: por ignorar certos fatos e ao mesmo tempo por impor uma teoria única que não admite comunicação ou escape para as teorias rivais. Se é verdade que a filosofia sempre fez isso, também é verdade que os filósofos nunca o aguentaram por muito tempo. Os exemplos factuais, como os chamarei com ousadia, que me interessam e que parecem ter sido esquecidos ou "afastados" são o fato de uma vida não examinada poder ser virtuosa e o fato de que o amor é um conceito central na moral. Filósofos contemporâneos associam com frequência consciência e virtude, e, embora falem constantemente de liberdade, quase nunca falam de amor. Mas tem que haver alguma relação entre esses dois últimos conceitos, e tem que ser possível fazer justiça tanto a Sócrates quanto ao camponês virtuoso. É nesses "tem que ser" que residem os motivos e as investidas mais profundas da filosofia. Ainda assim, se em uma tentativa de ampliar nosso campo de visão nos voltamos por um momento para as teorias filosóficas exteriores à nossa tradição, temos muita dificuldade em estabelecer qualquer conexão iluminadora.

O professor Hampshire diz, no penúltimo capítulo de *Thought and Action* [Pensamento e ação], que "a tarefa construtiva da filosofia da mente é fornecer um conjunto de termos em que os julgamentos definitivos de valor possam ser expressos com muita clareza". Por esse entendimento, a filosofia da mente é o pano de fundo da filosofia moral; e, na medida em que a ética moderna tende a constituir um tipo de Novilíngua que torna certos valores inexpressáveis, as razões para isso devem ser procuradas na atual filosofia da mente e no poder fascinante de certo retrato da alma. Pode-se suspeitar que a filosofia da mente não tem cumprido de fato a tarefa que Hampshire recomenda, de selecionar e classificar questões morais fundamentais; em vez disso, vem impondo sobre nós um julgamento particular de valor disfarçado de teoria da natureza humana. Se a filosofia pode mesmo fazer *outra* coisa é uma questão que vamos ter que considerar. Mas, como os filósofos modernos insistem em se professar analíticos e neutros, qualquer fracasso em sê-lo merece comentário. E uma tentativa de produzir, se não uma análise compreensiva, ao menos um retrato da alma que rivalize com esse e que cubra um território maior ou diferente deve abrir novos espaços para a reflexão filosófica. Como agentes morais, gostaríamos de saber o que temos que fazer por causa da lógica, o que temos que fazer por causa da natureza humana, e o que podemos escolher fazer. Um programa desses é fácil de determinar e talvez impossível de cumprir. Mas mesmo descobrir o que, sob esses títulos, *podemos* alcançar, com certeza exige um sistema conceitual muito mais complexo e sutil do que qualquer um que está à nossa disposição.

Antes de passar a considerar os problemas da filosofia da mente que subjazem aos momentos inarticulados da ética moderna, gostaria de acrescentar uma palavra sobre G. E. Moore. É como se Moore fosse a moldura do quadro. Muito tempo se passou desde que ele escreveu, e quando voltamos a lê-lo é impressionante ver como grande parte de suas crenças se mostra filosoficamente instável hoje. Moore acreditava que o bem era uma realidade suprassensível, uma qualidade misteriosa, irrepresentável e indefinível, um objeto do conhecimento e (implicitamente) acreditava que ser capaz de vê-lo era em algum sentido tê-lo. Pensava o bem por analogia com o belo; e era um "naturalista", contra sua própria vontade, por tomar a bondade como um elemento constitutivo real do mundo. Sabemos com que severidade e em que aspectos Moore foi corrigido por seus sucessores. Ele estava bastante certo (foi o que se disse) em separar a questão "O que significa o 'bem'?" da questão "Que coisas são boas?", mas estava errado em responder tanto à segunda quanto à primeira. Estava certo em dizer que o bem era indefinível, mas errado em dizer que era o nome de uma qualidade. O bem é indefinível porque julgamentos de valor dependem da vontade e da escolha do indivíduo. Moore estava errado (seus críticos continuam) em usar um imaginário quase estético da visão para conceber o bem. Essa perspectiva de conceber o bem por analogia com o belo pareceria tornar possível uma atitude contemplativa da parte do agente moral, mas o ponto é que essa pessoa é essencialmente, e inescapavelmente, um *agente*. Argumenta-se que a imagem a partir da qual se pode entender a moralidade não é a da visão, e sim a do movimento. A bondade e a beleza não são ideias análogas, e sim agudamente contrastantes. O bem deve ser pensado não como parte do mundo, mas como um rótulo móvel afixado no mundo, pois só assim o agente pode ser retratado como responsável e livre. E, de fato, o próprio Moore havia apreendido parcialmente essa verdade ao separar a denotação de "bem" de sua conotação. O conceito de "bem" não é o nome de um objeto esotérico; é a ferramenta de todo homem racional. A bondade não é um objeto de revelação e conhecimento, é uma função da vontade. Assim se desejou

A soberania do Bem

corrigir Moore; e permitam-me antecipar que, em quase todos os pontos, eu concordo com Moore, e não com seus críticos.

A ideia do "bem" como uma função da vontade deslumbrou a filosofia com seu poder de atração, pois resolvia muitos problemas de uma tacada só: as entidades metafísicas eram removidas, e os julgamentos morais eram vistos não como declarações estranhas, mas como algo muito mais compreensível, como persuasões, comandos ou regras. A ideia tem certa obviedade, mas sua plausibilidade não depende apenas de sua utilidade ou de seu apelo ao nosso conhecimento comum da vida moral. Ela é coerente com toda uma psicologia moral, boa parte da qual foi elaborada em tempos mais recentes. Quero agora examinar certos aspectos dessa psicologia e rastreá-la até certo argumento de Wittgenstein, que penso ser sua origem e sua base. Primeiro pretendo esboçar "o homem" que essa psicologia nos apresenta, depois comentar as características mais importantes desse homem, e em seguida passar a ponderar os argumentos radicais para tal imagem.

Para meu retrato do "homem" da filosofia moral moderna, usarei duas obras de Hampshire, seu livro *Thought and Action* e sua palestra *Disposition and Memory* [Disposição e memória]. A visão de Hampshire, penso eu sem pretender uma concordância universal, é bastante central e típica, tendo o grande mérito de expressar e elaborar o que em muitos filósofos morais modernos é tomado como dado. Hampshire sugere que devemos abandonar a imagem (cara aos empiristas britânicos) do homem como um observador apartado, e que em vez disso devemos imaginá-lo como um objeto móvel entre outros objetos em um fluxo contínuo da intenção em ação. O toque e o movimento, e não a visão, é que devem fornecer nossas metáforas: "O toque, o manuseio e a manipulação das coisas são deturpados se seguimos a analogia da visão." As ações são, *grosso modo*, formas de deslocar as coisas no mundo público. Nada conta como ato se não "produzir uma mudança reconhecível no mundo". O que podem ser essas mudanças reconhecíveis? Aqui devemos distinguir entre "as coisas e pessoas que constituem o mundo externo, e as sensações e impressões que eu ou qualquer outro podemos por um momento vivenciar". O que é "real" está potencialmente aberto a diferentes observadores. O mundo interior ou mental é inevitavelmente parasita do mundo exterior, tem uma "natureza parasita e opaca". A precisão de qualquer processo de pensamento depende da "possibilidade de ser reconhecido, escrutinado e identificado por observadores a partir de diferentes pontos de vista; essa possibilidade é essencial a qualquer realidade definida". "O jogo mental, livre de qualquer expressão em discurso audível ou em ação visível, é uma realidade, assim como o jogo de sombras é uma realidade. Mas qualquer descrição sua deriva da descrição de sua expressão natural em discurso e ação." "O assentimento que ocorre dentro da mente e não em um processo de comunicação, quando nenhuma questão foi apresentada ou respondida é um assentimento opaco e um ato opaco." "O pensamento não pode ser pensamento, ao contrário do devaneio ou da meditação, a não ser que se dirija a uma conclusão, seja na ação ou no julgamento." Mais ainda: o pensamento e a crença estão separados da vontade e da ação. "Nós tentamos, no discurso e no pensamento comuns, manter a distinção mais absoluta possível entre pensamento e ação." Assim, o pensamento não é ação, mas uma introdução à ação.

> Aquilo que eu faço é aquilo por que sou responsável e aquilo que é peculiarmente uma expressão de mim. É essencial ao pensamento que tome suas próprias formas e siga seus próprios caminhos sem minha intervenção, isto é, sem a intervenção de minha vontade. Eu me identifico com minha vontade. O pensamento, quando mais puro, é autônomo. [...] O pensamento começa a seguir seu próprio caminho, governado por suas regras universais, quando o trabalho preliminar da vontade está feito. Nenhum processo de pensamento pode ser pontuado por atos da vontade, alterações voluntárias de atenção, e ainda assim preservar seu *status* de processo contínuo de pensamento.

Essas são hipóteses muito importantes. Decorre disso que uma "crença" não seja algo sujeito à vontade. "Parece que eu não posso apresentar minha própria crença como uma realização, porque, apresentando-a assim, eu a desqualifico como *crença*." Essas citações são de *Thought and Action*, da última parte do segundo capítulo.

Na palestra *Disposition and Memory*, Hampshire faz duas coisas: resume de forma mais polêmica os argumentos de *Thought and Action*, e apresenta, sob a tutela de Freud, uma ideia de "verificação pessoal" que discutirei longamente a seguir. De *Disposition and Memory*: "A intenção é o único conceito que deve ser preservado livre de qualquer mácula do que for menos que consciente." E "é característica dos conceitos mentais, em oposição aos físicos, que as condições de sua aplicação só possam ser entendidas se forem analisadas geneticamente". São declarações sucintas do que já havia sido argumentado em *Thought and Action*. Hampshire agora nos oferece um retrato do "homem idealmente racional". Essa pessoa seria

> consciente de todas as suas lembranças como lembranças. [...] Seus desejos estariam ligados a possibilidades específicas em um futuro específico. [...] Distinguiria sua situação presente das lembranças inconscientes do passado [...] e encontraria seus motivos para agir na satisfação de suas necessidades instintivas dentro dos limites das características objetivamente observadas da situação.

Esse homem ideal não existe porque é difícil demais penetrar no palimpsesto de "disposições": e isso é bom porque a racionalidade ideal nos deixaria "sem arte, sem sonho ou imaginação, sem gostos e desgostos desconectados das necessidades instintivas". Em teoria, embora não na prática, "uma análise interminável" poderia desnudar o maquinário de disposições e tornar possível uma previsão perfeita de conduta; mas Hampshire enfatiza (e esse é o ponto principal da palestra) que esse conhecimento ideal não tomaria a forma de uma lei científica, e sim teria sua base e sua verificação na história do indivíduo. Mais tarde argumentarei que a imagem muito convincente com que Hampshire nos brinda contém elementos incompatíveis. *Grosso modo*, há um conflito entre a visão "lógica" e a visão "histórica" da mente, um conflito que existe em par-

A soberania do Bem

te porque a lógica ainda está atada a uma concepção antiquada da ciência. Mas estou me antecipando.

Mais tarde será útil definir minha própria visão em um contraste bastante exato parte por parte com a visão de Hampshire; e como a visão dele é rica em detalhes, foi necessário um extenso uso de citações. Como sugeri, o homem de Hampshire pode ser encontrado mais ou menos explicitamente como uma sombra subjacente a muito do que hoje se escreve sobre filosofia moral e também sobre política. Hampshire explorou a fundo um cenário que muitos autores tomam por certo, e por isso lhe somos gratos. Esse "homem", pode-se acrescentar, nos é familiar por outra razão: ele é o herói de quase todos os romances contemporâneos. Vejamos suas características, registrando-as ainda como indiscutíveis. Hampshire enfatiza a clareza de intenção. Ele diz que "todos os problemas se encontram na intenção", e enuncia, em relação à intenção, o único "tem que" explícito de sua psicologia. Temos que saber o que estamos fazendo. Temos que mirar a um conhecimento total de nossa situação e a uma conceituação clara de todas as nossas possibilidades. O pensamento e a intenção devem estar dirigidos para questões visíveis específicas, ou então são meros devaneios. A "realidade" está potencialmente aberta a diferentes observadores. O que é "interno", o que se situa entre ações visíveis, ou é pensamento impessoal, ou são as "sombras" dos atos, ou é sonho insubstancial. A vida mental é, e logicamente tem que ser, uma sombra da vida em público. Nosso ser pessoal é o movimento de nossa vontade visivelmente seletiva. Toma-se um imenso cuidado em retratar a vontade como isolada. Isolada da crença, da razão, do sentimento, e no entanto ela é um centro essencial do eu. "Eu me identifico com minha vontade." Ela está separada da crença para que a autoridade da razão, que manufatura a crença, possa ser inteira, e para que a responsabilidade pela ação também possa ser inteira. Minha responsabilidade é função de meu conhecimento (que tenta ser inteiramente impessoal) e de minha vontade (que é inteiramente pessoal). A moralidade é questão de pensar com clareza e em seguida passar às relações externas com outros homens.

Por essa visão poderíamos dizer que a moralidade se assemelha à visita a uma loja. Entro na loja na condição de total liberdade responsável, avalio objetivamente as características dos bens, e escolho. Quanto maior for minha objetividade e capacidade de discriminação, maior é a quantidade de produtos que posso selecionar. (Uma crítica marxista dessa concepção burguesa e capitalista da moral seria bastante apropriada. Deveríamos querer muitos produtos na loja ou apenas "os produtos certos"?) Como ato e como razão, fazer compras é algo público. A vontade não afeta a razão, de modo que a "vida interna" não deve ser pensada como uma esfera moral. A razão lida com descrições neutras e quer ser o observador ideal mencionado tão amiúde. A terminologia do valor seria prerrogativa da vontade; mas como a vontade é pura escolha, puro movimento, e não pensamento ou visão, realmente exige apenas palavras de ação como "bom" ou "certo". Não é próprio do homem que estamos descrevendo, tal como ele aparece em livros teóricos ou em ficções, possuir um vocabulário normativo elaborado. A ética moderna analisa o "bem", a palavra de ação vazia que é correlata à vontade isolada, e tende a ignorar outros termos de valor. Nosso herói pretende ser um "realista" e vê a sinceridade como virtude fundamental, talvez como a única virtude.

A imagem muito poderosa que nos é apresentada aqui é behaviorista, existencialista e utilitarista em um sentido que une essas três concepções. É behaviorista em sua vinculação do significado e do ser da ação com o publicamente observável, é existencialista em sua eliminação do eu substancial e em sua ênfase na vontade solitária onipotente, e é utilitarista em sua presunção de que a moralidade tem e só pode ter a ver com atos públicos. É também, casualmente, o que pode ser chamado de visão democrática, por sugerir que a moralidade não é uma conquista esotérica, mas uma função natural de qualquer homem normal. Essa posição representa, para colocá-lo de outra forma, um casamento feliz e frutífero entre o liberalismo kantiano e a lógica wittgensteiniana celebrado por Freud. Mas de novo estou me antecipando; o que nos confronta aqui é na verdade complexo e difícil de analisar. Permitam-me agora tentar ordenar e classificar as diferentes questões que precisam ser respondidas.

A imagem do homem que esbocei anteriormente me parece tanto estranha como implausível. Isto é, mais precisamente: tenho objeções empíricas simples (não acho que as pessoas sejam necessária ou essencialmente "assim"), tenho objeções filosóficas (não acho os argumentos convincentes), e tenho objeções morais (não acho que as pessoas *tenham que* se ver dessa maneira). Manter esses tipos de objeções separados em nossa mente é um problema delicado e perigoso. Mais tarde tentarei apresentar meu próprio retrato rival. Mas agora, antes de tudo, quero examinar em mais detalhe a teoria da "vida interna" que nos foi apresentada. Nossa reação inicial à teoria tende a ser forte e instintiva: ou ficamos contentes com a ênfase na realidade do exterior, com a ausência do interior, ou sentimos (como eu) que não pode ser assim, que algo vital está faltando. E se pensamos que, por uma razão ou outra, "o interno" é importante, seremos mais zelosos em criticar os argumentos sobre seu *status*. Tais críticas podem ter resultados de longo alcance, já que é da questão do "que acontece no interior" entre os momentos de "movimento" visível que depende nossa visão sobre o *status* da escolha, o significado da liberdade, e todo o problema da relação entre vontade e razão e entre intelecto e desejo. Devo agora considerar o que penso ser o argumento mais radical, a pedra angular, desse tipo de psicologia moral existencialista-behaviorista: o argumento de que os conceitos mentais devem ser analisados geneticamente e de que, por isso, o interno deve ser pensado como parasita do externo.

Esse argumento é mais bem entendido como um caso especial de um argumento ainda mais geral e a essa altura mais familiar sobre o *status* do que é "privado". Nossa tradição filosófica, desde Descartes até muito recentemente, esteve obcecada por uma entidade que teve vários nomes: a *cogitatio*, a impressão sensorial, os dados dos sentidos. Essa entidade, privada a cada pessoa, era pensada como uma *aparência* sobre a qual o proprietário tinha um *conhecimento* infalível e certo. Foi tomada por Descartes como ponto inicial de um famoso argumento e retratada pelos empiristas britânicos como um instrumento do pensamento. A concepção da *cogitatio* ou dos dados sensoriais, estranhamente atraente e assumida de imediato, sugeria entre outras coisas que o que é interior pode ser privado em um entre dois sentidos: um sentido contingente e um sentido lógico. Posso contar, ou deixar de lhes contar, um segredo; mas não posso (em termos lógicos) lhes mostrar meus dados sensoriais.

Depois de uma história longa e diversa, essa concepção agora foi amplamente abandonada pelos filósofos. O argumento geral para abandoná-la tem dois pontos. Em resumo, o argumento contra a *cogitatio* é que (a) tal entidade não pode fazer parte da estrutura de um conceito público, (b) tal entidade não pode ser introspectivamente descoberta. Isto é, (a) é inútil, (b) não existe. O último ponto pode ser subdividido em uma alegação empírica e uma alegação lógica. A alegação empírica é que os elementos da introspecção são poucos e brumosos, e a alegação lógica é que em qualquer caso há dificuldades em sua identificação. Dos dois momentos do argumento geral, (a) tem recebido mais atenção que (b), já que, como (a) tem sido visto como definitivo, (b) tem sido tratado como de relevância menor. Se algo é inútil, não importa muito se existe ou não. Em breve pretendo defender que, porque uma coisa é inútil, tem havido precipitação em presumir que outra coisa não existe. Mas primeiro observemos em mais detalhes o argumento.

Eu disse que o argumento sobre conceitos mentais era um caso especial de um argumento geral. O argumento geral é mais oportuno quando aplicado a algum conceito simples, não mental, como "vermelho". "Vermelho" não pode ser o nome de algo privado. A estrutura do conceito é sua estrutura pública, que se estabelece na coincidência de processos em situações públicas. Quanto sucesso podemos ter em estabelecer qualquer estrutura pública será a questão empírica. A suposta coisa interna não pode ser nem conhecida (Descartes) nem usada (os empiristas britânicos). Hume estava errado em se preocupar com o tom faltante do azul, não porque um homem conseguisse ou não imaginá-lo, ou porque pudéssemos ou não ser convencidos de que ele o imaginou, mas porque essa imaginação interna é necessariamente irrelevante e a posse do conceito é uma habilidade pública. O que importa é se eu paro diante da luz do semáforo, e não meu imaginário de cores ou a ausência dele. Identifico o que meus sentidos me mostram por meio do esquema que aprendi, e de nenhuma outra maneira isso pode ser *conhecido* por mim, já que o conhecimento envolve a rigidez fornecida por um teste público. Wittgenstein, em suas *Investigações filosóficas*, resume a situação da seguinte maneira: "Quando se constrói a gramática da expressão da sensação segundo o modelo de 'objeto e nome', então o objeto fica fora de consideração, como irrelevante."

Esse argumento, que imprime um peso implacável sobre o caso do "vermelho", pode parecer ainda mais implacável no caso das muito mais sombrias entidades internas que se podem supor ser os "objetos" dos quais os conceitos mentais são "nomes". Afinal, cada um pode dizer a si mesmo, de forma quase absurda: minha sensação de vermelho de fato se parece, quando estou fazendo filosofia, a algo que eu "tenho" em privado; e se não me permitem "manter" nem mesmo essa pequena coisa evidente como meus dados privados, por que eu esperaria "manter" os fenômenos internos irremediavelmente obscuros ligados a conceitos como "decisão" e "desejo"? Com certeza eu deveria nesses últimos casos me contentar ainda mais em confiar na face "externa" do conceito, já que a interna é tão vaga. Permitam-me elucidar isso para deixar clara a força do argumento genético no caso dos conceitos mentais.

É óbvio que Wittgenstein discute, nesse contexto, tanto conceitos mentais quanto físicos. Mas sua discussão é marcada por uma reticência peculiar. Ele não faz nenhuma generalização moral ou psicológica. Limita-se a observar que um verbo de conceito mental utilizado em primeira pessoa não é um relato de algo privado, uma vez que, na ausência de qualquer procedimento de verificação, não faz sentido ponderar se estamos certos ou errados. Wittgenstein não está alegando que os dados internos são "incomunicáveis" nem que algo especial na personalidade humana deriva da "ausência" desses dados; está apenas dizendo que nenhum sentido pode ser vinculado à ideia de um "objeto interno". Não existem "definições ostensivas privadas". Se Wittgenstein está certo em dizer que não podemos vincular nenhum sentido à ideia de estarmos errados sobre como as coisas *parecem*, e se é possível extrair dessa posição quaisquer conclusões legítimas sobre a natureza humana, é o que vou ponderar mais tarde. Por ora quero examinar as conclusões que de fato *foram* extraídas (não por ele), e a forma desenvolvida do argumento tal como o encontramos, com variações, em Hampshire, Hare, Ayer, Ryle e outros.

Como eu já disse, o argumento parece crescer em proporção e ganhar ainda mais peso à medida que os supostos dados internos se tornam mais obviamente obscuros, tendendo até a irresponsabilidade da ausência. Nesses casos, as considerações puramente empíricas (a subdivisão empírica de (b) que vimos anteriormente) são especialmente fortes. Digo: "Bom, tenho que decidir. Certo, eu vou." Talvez não ocorra nada passível de introspecção aí. E, mesmo que ocorra, *isso* não é a decisão. Aqui vemos o que se quer dizer ao falar de análise genética. Como eu *aprendo* o conceito de decisão? Observando alguém que diz "eu decidi" e que então age. De que outra forma eu poderia aprender? E com isso aprendo a essência da questão. Não passo de um conceito behaviorista a um conceito mental. (Como a linguagem comum, que "enganosamente" vincula o mental com o interno, vincula diretamente o físico com o externo, uma análise genética dos conceitos físicos não seria especialmente reveladora.) Uma decisão não chega a ser, quando considerada com mais cuidado, um movimento introspectivo. O conceito não tem uma estrutura interna suplementar; ele *é* sua estrutura externa. Tomemos um exemplo ainda mais claro. Como eu *distingo* "raiva" e "ciúme"? O que identifica a emoção é a presença não de um objeto privado específico, mas de algum padrão de comportamento externo típico. Note-se que isso também implica que podemos nos confundir nos nomes que damos aos nossos estados mentais.

Esse é o ponto em que as pessoas podem começar a se exaltar e protestar, reclamando que algo está sendo tomado delas. Não existiria algo como decidir e não agir? Não existiriam decisões *privadas*? Não existiriam montes e montes de objetos, identificados com mais ou menos facilidade, como se estivessem orbitando em nosso espaço interno? O interior não é, como o argumento pareceria implicar, silencioso e escuro. Os filósofos responderão com frieza a esses protestos. É claro que se pode vincular um sentido a: ele decidiu, mas não fez. Isto é, ele disse que iria, e tínhamos razões para acreditar que ele iria, mas um tijolo caiu na cabeça dele. Ou, então, a noção de sua ida era coerente com muitas outras coisas que ele estava fazendo e dizendo, e ainda assim ele não foi. Mas tudo isso é tão evidente e tão pouco privado quanto a real tomada de decisão. E deve-se admitir que é difícil, quando refletimos sobre isso, vincular um sentido por qualquer outro método a uma decisão não cumprida, em nosso caso tanto quanto em qualquer outro. Existem decisões "privadas"? Eu conversei comigo mesma. Mas eu realmente decidi? Para responder a essa questão, examino o *contexto* de meu anúncio em vez de seu cerne privado.

No entanto, alguém perguntará, não *existiriam* objetos introspectivos que possamos identificar? *Temos* imagens, falamos com nós mesmos etc. O argumento genético implica que tudo isso é nada? Bom, seria possível responder, vamos analisar essas coisas. Podemos, *grosso modo*, dividir esses dados por ordem de obscuridade em imagens visuais, pensamentos verbais, outras imagens, outros pensamentos e sentimentos que, embora não sejam exatamente verbais ou visuais, ainda assim parecem ser "entidades". É verdade que não posso mostrá-las para outras pessoas. É claro que posso descrevê-las de maneira limitada: posso descrever minhas imagens ou mencionar palavras "ditas" em minha cabeça. Também posso fazer descrições metafóricas de meus estados mentais. (Ryle discute essas "crônicas" ou "histórias" do pensamento em *Aristotelian Supplementary Volume* [Volume suplementar aristotélico], de 1952.) Mas a que se chega com tudo isso? Esses dados, mais vagos e mais infrequentes do que se costuma supor sem pensar, não podem pretender ser "a coisa em si", da qual meus pensamentos expressos são o relatório. Note-se que ofereço minhas descrições em palavras públicas comuns cujo significado está sujeito a regras públicas comuns. Palavras internas "significam" da mesma maneira que palavras externas; e só posso "conhecer" minhas imagens porque conheço as coisas públicas que elas "representam". Nesse sentido óbvio, conceitos públicos são soberanos sobre objetos privados; só consigo "identificar" o interno, mesmo para meu próprio benefício, por meio de meu conhecimento do externo. Mas em todo caso não há verificação da acurácia de tais descrições e, como indaga Wittgenstein, "para que serve essa cerimônia?". Quem, exceto talvez psicólogos empiristas, se interessa por supostos relatos do que é *puramente* interno? E os próprios psicólogos agora têm sérias dúvidas sobre o valor de tais "evidências" da introspecção. Se estou *realmente* pensando sobre tal e tal, ou decidindo isso e aquilo, ou sentindo raiva, ciúme ou satisfação, será propriamente determinado, e só pode ser determinado, pelo contexto evidente, por mais incompleto e embrionário que seja. Que eu decidi fazer X será verdade se eu disse com sinceridade que o faria e fiz, mesmo que não tenha ocorrido nada de introspectivo. E, da mesma maneira, algo introspectivo pode ocorrer, mas, se o contexto exterior faltar por inteiro, esse algo não pode ser chamado de decisão. Nas palavras de Wittgenstein, "uma roda que gira mesmo quando nada mais gira com ela não faz parte do mecanismo".

Parece-me que esses argumentos radicais são perfeitamente sólidos até certo ponto. Eles de fato resolvem clara e decisivamente alguns problemas que importunavam o empirismo britânico. Ao destruírem a imagem enganosa do olho interno infalível, tornam possível, por exemplo, uma solução aperfeiçoada de problemas sobre a percepção e sobre universais. Um grande conflito que era, em Hume e Berkeley, repugnante ao senso comum pode agora ser esclarecido. Mas, como eu disse antes, enquanto Wittgenstein permanece como uma esfinge ao fundo, outros se apressaram em tirar conclusões morais e psicológicas mais extremas e mais dúbias. Wittgenstein criou um vazio em que o neokantismo, o existencialismo e o utilitarismo se apressaram em entrar. E vale reparar com que plausibilidade os argumentos, com seu prestígio aumentado pelo sucesso indubitável em outros cantos, parecem sustentar, até impor, a imagem da personalidade que esbocei anteriormente. Como a "vida interna" é brumosa, amplamente ausente e de qualquer forma "não faz parte do mecanismo", vem a ser *logicamente* impossível assumir uma atitude ociosa e contemplativa do bem. A moralidade tem que ser ação porque os conceitos mentais só podem ser analisados geneticamente. Metáforas de movimento, e não de visão, parecem obviamente apropriadas. A moralidade, com pleno apoio da lógica, abomina o privado. A salvação pelas obras é uma necessidade conceitual. *O que* estou fazendo ou sendo não é algo privado e pessoal, mas se impõe sobre mim no sentido de só ser identificável por meio de conceitos públicos e de observadores objetivos. O autoconhecimento é algo que se exibe abertamente. Razões são razões públicas, regras são regras públicas. Razão e regra representam um tipo de tirania impessoal em relação à qual toda vontade pessoal representa a liberdade perfeita. O maquinário é implacável, mas até o momento da escolha o agente está fora do maquinário. A moralidade reside no ponto da ação. O que sou "objetivamente" não está sob meu controle; a lógica e os observadores é que decidem isso. O que sou "subjetivamente" é uma vontade livre, solitária, sem substância. A personalidade definha a um ponto de pura vontade.

Não é nada fácil lançar agora um ataque contra essa posição tão fortificada; e, como digo, o temperamento fará seu papel em determinar se *queremos* ou não atacar ou se estamos contentes. Eu não estou contente. Permitam-me começar a sugerir com cautela uma visão alternativa, embora tomando como rubrica as palavras de alerta de Wittgenstein: "Não poder evitar – quando nos entregamos ao pensamento filosófico – dizer tal e qual, estar irresistivelmente inclinado a dizê-lo, não significa ser forçado a uma *suposição*, ou ter uma percepção ou conhecimento imediato de um estado das coisas."

Para o bem do restante dessa discussão, será útil ter um exemplo em vista: algum objeto que todos possamos mais ou menos ver, e ao qual possamos nos referir de tempos em tempos. As mais diversas coisas serviriam para esse exemplo, e no início eu me sentia tentada a tomar um caso de *ritual*, como um ritual religioso em que a aceitação interna parece ser o ato real. Ritual: uma moldura externa que tanto ocasiona como identifica um acontecimento interno. Pode-se argumentar que eu faço uma promessa ao proferir a palavra "prometo": uma elocução performativa. Mas, em um contexto religioso, eu me arrependo ao proferir com sinceridade as palavras "estou arrependido"? Eu "sinto muito" ao simplesmente dizer na situação apropriada que sinto muito? E isso continua valendo mesmo que em seguida eu corrija minha vida? Isso não está tão claro, e de fato é uma questão difícil e interessante. Decidi, contudo, não utilizar um exemplo religioso, pois alguém poderia julgar que provocaria dificuldades especiais, e em vez disso resolvi falar sobre algo mais ordinário e cotidiano. De modo que aqui vai o exemplo.

Uma mãe, que chamarei de M, sente hostilidade em relação à nora, que chamarei de N. M acha N uma garota de bom coração, mas, embora ela não lhe pareça exatamente vulgar, M julga que N é um tanto inculta e que carece de dignidade e refinamento. N tende a ser sem-cerimônia, insuficientemente polida, brusca, às vezes até rude, sempre cansativa por ser tão juvenil. M não gosta do sotaque de N nem do modo como se veste. M sente que seu filho se casou com alguém abaixo de seu nível. Vamos supor para o bem do exemplo que a mãe, uma pessoa muito "correta", se comporte maravilhosamente com a garota o tempo inteiro, sem permitir que sua opinião real apareça de nenhuma maneira. Podemos enfatizar esse aspecto do exemplo supondo que o jovem casal tenha emigrado ou que N agora esteja morta: o ponto seria garantir que, aquilo em questão que esteja *acontecendo*, aconteça inteiramente na cabeça de M.

Isso é o bastante para os primeiros pensamentos de M sobre N. O tempo passa, e pode ser que se estabeleça em M uma sensação enrijecida de descontentamento e uma imagem fixa de N, aprisionada (se posso usar uma palavra falaciosa) pelo clichê: meu pobre filho se casou com uma garota boba e vulgar. Mas a M do exemplo é uma pessoa inteligente e bem-intencionada, capaz de autocrítica, capaz de dar uma *atenção* cuidadosa e justa a um objeto com que se confronte. M diz a si mesma: "Sou antiquada e convencional. Posso estar sendo preconceituosa e tacanha. Posso estar sendo esnobe. Com certeza estou com ciúme. Tenho que examinar de novo." Aqui estou supondo que M observe N ou ao menos reflita com deliberação sobre ela, até que gradualmente sua visão sobre N se altere. Se tomarmos N como ausente ou morta agora, isso pode deixar mais claro que a mudança não é no comportamento de N, mas na mente de M. Ela descobre então que N não é vulgar e sim simples, não é indigna e sim espontânea, não é ruidosa e sim alegre, não é juvenil demais e sim agradavelmente jovial, e por aí em diante. E como eu disse, *ex hypothesi*, o comportamento externo de M, agradável desde o início, não se altera em nenhum aspecto.

Usei palavras como "justa" e "inteligente" que implicaram um juízo de valor favorável à atuação de M: quero de fato imaginar um caso em que aprovaríamos a mudança de opinião de M. Mas é claro que na vida real, e isso é interessante, pode ser muito difícil decidir se o que M estava fazendo era correto ou não, e as opiniões podem diferir. M pode ser tocada por vários motivos: um senso de justiça, um esforço de amor por N, amor por seu filho, ou simples relutância em pensá-lo como desafortunado ou equivocado. Algumas pessoas poderiam dizer que "ela ilude a si mesma", enquanto outras diriam que ela foi motivada por amor ou justiça. Estou imaginando um caso em que eu julgaria apropriada essa última descrição.

O que *acontece* nesse exemplo poderia, é claro, ser descrito de outras maneiras. Optei por descrevê-lo simplesmente nos termos de uma substituição de um conjunto de epítetos normativos por outro. Também poderia ser descrito, por exemplo, a partir das imagens visuais de M, ou em metáforas simples ou complexas. Mas consideremos agora o que é exatamente *isso* que está sendo descrito. Pode-se argumentar que nada aqui apresenta dificuldades especiais. Para propósitos de julgamento moral, podemos definir as "ações" de diversas maneiras. Uma delas, nesse caso, seria dizer que M decidiu se comportar bem com N e o fez, e que os pensamentos privados de M são insignificantes e moralmente irrelevantes. Se, no entanto, se deseja incluir na lista dos atos morais de M mais do que seu comportamento visível exibe, teremos que indagar sobre o material extra: em que sentido "morais", e em que sentido "atos"? É claro que, se as reflexões de M fossem o prólogo de atos externos *diferentes*, elas poderiam ser aceitas como "pertencentes" aos atos como suas "sombras", e deles tirariam sua identidade e sua importância: mesmo que a dificuldade de discernir a parte interna e de conectá-la com a externa como sua condição ainda estivesse sujeita a consideração. Mas o que devemos dizer do caso presente? Hampshire nos diz:

O pensamento não pode ser pensamento, ao contrário do devaneio ou da meditação, a não ser que se dirija a uma conclusão, seja na ação ou no julgamento. [...] A ideia de pensamento como monólogo interior [...] se tornará absolutamente vazia se o pensamento nem sequer pretender se dirigir à sua questão no mundo exterior. [...] Nessas condições, o pensamento e a crença não diferem do ensaio sedutor e habitual de frases prontas ou do fluxo de palavras pela mente.

Excluamos da discussão algo que poderia a essa altura tentar entrar nela, que é o olho de Deus. Se a existência e a importância dos acontecimentos mentais de M não dependem dessa testemunha metafísica, iríamos querer – e, se quiséssemos, como poderíamos – resgatá-los do destino de serem meros nadas, descritíveis na melhor das hipóteses como devaneios?

Seria possível, é claro, dar um *status hipotético* à vida interna de M, como se segue. "O fato de a visão que M tinha de N ter se alterado *significa* que, se M falasse o que pensa sobre N agora, diria coisas diferentes daquelas que teria dito três anos atrás." Essa análise evita algumas dificuldades, mas, como o fenomenalismo, encontra outras. A verdade da proposição hipotética poderia não ser consistente com nada do que ocorria na mente de M. E é claro que uma mudança de opinião toma com frequência a forma do simples anúncio de uma nova visão sem que qualquer material introspectivo tenha intervindo. Mas aqui, *ex hypothesi*, ocorreu ao menos algo de introspectivo, por mais nebuloso que seja, e é o *status* desse algo que está em questão. De qualquer modo, a ideia a que estamos tentando dar sentido é a de que M tem sido *ativa* nesse ínterim, tem *feito* alguma coisa, alguma coisa que aprovamos, alguma coisa que por si só valia a pena fazer. M tem sido moralmente ativa nesse ínterim: é isso o que queremos dizer, e é isso o que queremos que seja filosoficamente permitido dizer.

Nesse ponto o defensor do que eu chamei de visão existencialista-behaviorista pode argumentar o seguinte. Tudo bem. Ou M não tem nenhum material introspectivo, e nesse caso, como a conduta de M é constante, seria difícil ver o que poderia significar dizer que ela mudara de ideia, em vez de dizer que era verdadeira uma proposição hipotética que ninguém poderia saber que era verdadeira. Ou, então, M tem material introspectivo, e vejamos o que decorreria disso. M pode imaginar dizer coisas a N, pode descrever verbalmente N em sua mente, pode alimentar imagens visuais de N. Mas o que esses processos significam? O que deve contar aqui como julgamento sério, em oposição ao "ensaio sedutor e habitual de frases prontas"? É provável que o material introspectivo de M, sob exame, se mostre nebuloso e difícil de descrever; e mesmo se (na melhor das hipóteses) imaginarmos M fazendo nítidas declarações verbais para si mesma, a identidade e o significado dessas declarações são uma função do mundo público. Ela só pode ser pensada como alguém que "fala" com seriedade, e não como um papagaio, se o contexto externo o permitir em termos lógicos.

Também se pode defender, seria possível dizer entre parênteses, que a identidade dos pensamentos internos se estabelece por meio do significado público do simbolismo usado no pensar (ver, por exemplo, Ayer, *Thinking and Meaning* [Pensamento e sentido]), o que poderia contradizer o direito à "experiência inefável" etc. Em tempos mais recentes, os filósofos têm sido escolhidos para enfatizar a visão da "sombra", isto é, para considerar o sentido particular do pensamento a partir do contexto, em vez de depreender o sentido geral do pensamento a partir dos símbolos. Mas creio que vale a pena separar os pontos. Eles representam dois retratos complementares do "eu" ou da "vontade" como externos à rede de regras lógicas, livres para decidir onde arriscar sua tirania, mas desde então capturados em um complexo impessoal. Posso decidir o que dizer, mas não o que as palavras significam. Posso decidir o que fazer, mas não sou senhor do significado de meu ato.

Alguém que diz em privado ou abertamente: "eu decidi", mas que nunca age, por mais favoráveis que sejam as circunstâncias (o argumento existencialista-behaviorista continua), não decidiu. Decisões privadas que precedem ações públicas podem ser pensadas como a "sombra" do ato, ganhando seu título por serem parte de um complexo propriamente chamado de "decisão": apesar de que só a título de cortesia o termo "decisão" seria aplicado aqui à parte interna, já que não há verificação da natureza ou da existência da parte interna e de sua conexão com a externa. Ainda assim, essa é a situação que nós, inócua e popularmente, chamamos de "decisões privadas" ou de "atos internos", isto é, em que algum tipo de estrutura externa está presente e nós podemos, se quisermos, imaginar – e talvez naturalmente imaginemos – também um pedaço interno. No caso de M, todavia, como não há alteração externa de estrutura que corresponda a uma suposta mudança interna, nenhuma sequência de acontecimentos externos dos quais os internos possam alegar ser sombras, é duvidoso se pode ser atribuído aqui qualquer sentido à ideia de "atividade". O presuntivo sentido categórico do progresso interno de M tem que retroceder ao sentido hipotético mencionado anteriormente. E a proposição hipotética não pode ser tida como verdadeira, mesmo por M, e pode ser verdadeira sem que nada aconteça na mente de M. Assim, a ideia de M como *internamente* ativa acaba por se mostrar vazia. Só existe a atividade externa, por conseguinte, só existe atividade moral externa, e o que chamamos de atividade interna é apenas a sombra disso lançada de volta para dentro da mente. E, pode-se acrescentar de forma bastante revigorante, para que se preocupar? Como Kant disse, o que somos forçados a fazer é amar nosso vizinho em um sentido prático, não em um sentido patológico.

Esse é um daqueles momentos exasperantes na filosofia em que parecemos ser cruelmente impedidos de dizer algo que estamos irresistivelmente impelidos a dizer. E, é claro, como Wittgenstein assinalou, o fato de estarmos irresistivelmente impelidos a dizê-lo não significa que haja qualquer *outro* ponto. Vamos pisando com cuidado aqui. Ao reagir contra essa análise há decerto uma coisa que eu *não* quero sustentar: que tenhamos um conhecimento infalível ou superior de nossos estados mentais. Podemos nos confundir no que pensamos e sentimos: isso não está em disputa, e sem dúvida é um ponto forte da análise behaviorista que ela acomode com tanta clareza esse fato. O que está em questão é algo diferente, algo sobre *atividade* em um sentido que não significa atividade privilegiada.

Permitam-me tentar, de maneira bruta e ordinária, e até agora sem justificativa, dizer o que avalio que seja, em detrimento da análise, o caso de M: uma visão incongruente com a análise e que, se verdadeira, mostra que a análise não pode estar correta. A análise retrata M como definida "de fora para dentro": a individualidade de M reside em sua vontade, compreendida como seus "movimentos". A análise não leva em conta que M esteja continuamente ativa, que faça progressos, ou que seus atos internos lhe pertençam ou façam parte de um contínuo tecido do ser: a análise critica com precisão metáforas como "tecido do ser". Mas podemos prescindir aqui de metáforas como essa? Mais ainda, a metáfora da visão não fica sugerida de forma quase irresistível a qualquer um que, sem preconceito filosófico, deseje descrever a situação? Não é a metáfora natural? M *olha* N, observa N, concentra sua atenção. M está engajada em uma batalha interna. Pode, por exemplo, se sentir tentada a criar caricaturas de N em sua imaginação. (Curiosamente, há pouco espaço no outro quadro para a ideia de *batalha*.) E a atividade de M aqui, longe de ser estranha e nebulosa, é algo que, de certo modo, podemos achar bastante familiar. Inúmeros romances contêm relatos do que são essas batalhas. Qualquer pessoa pode descrever uma delas sem que lhe faltem as palavras. Essa atividade, como eu disse, poderia ser descrita de diversas maneiras, mas uma muito natural é pelo uso de palavras normativas especializadas, que poderiam ser chamadas de palavras morais secundárias, em contraste com as primárias e gerais como "bem". M para de ver N como "vulgar" e a vê como "alegre" etc. Mais tarde comentarei a importância dessas palavras secundárias. Mais uma vez, nos sentimos impelidos a dizer algo como: a atividade de M é peculiarmente *dela própria*. Seus detalhes são os detalhes *dessa* personalidade; e em parte por essa razão talvez seja uma atividade que só pode ser realizada em privado. M não poderia *fazer isso* em uma conversa com outra pessoa. Hampshire diz que "tudo o que conta como uma realidade definida tem que estar aberto a vários observadores". Mas essa noção pseudocientífica de individuação através de observadores inespecíficos pode realmente ser aplicada a um caso como esse? Aqui existe uma atividade, mas não observadores; se fôssemos introduzir a ideia de observadores potenciais, a questão da *competência* deles também surgiria. A atividade de M é difícil de caracterizar não porque seja nebulosa, mas *precisamente porque é moral*. E com isso, como tentarei explicar brevemente, estamos chegando perto do centro da dificuldade.

O que M está *ex hypothesi* tentando fazer não é apenas enxergar N com precisão, mas enxergá-la com justiça e amor. Notem a imagem bastante diferente de liberdade que isso sugere de partida. A liberdade não é o salto súbito da vontade isolada para dentro e para fora de uma lógica complexa e impessoal; é uma função da tentativa progressiva de ver um objeto específico com clareza. A atividade de M é em sua essência algo progressivo, algo infinitamente perfectível. Longe de reivindicar para si algum tipo de infalibilidade, esse novo quadro foi construído, pelo contrário, sobre a noção de uma necessária falibilidade. M está engajada em uma tarefa interminável. No instante em que começamos a usar palavras como "amor" e "justiça" na caracterização de M, introduzimos em nosso quadro conceitual de sua situação a ideia de progresso, isto é, a ideia de perfeição: e a simples presença dessa ideia demanda uma análise dos conceitos mentais diferente da análise genética.

Agora estou inclinada a pensar que é inútil, quando confrontados com o retrato existencialista-behaviorista da mente, continuar se afligindo para sempre com a identificação de acontecimentos internos particulares, e tentando defender uma avaliação de M como "ativa", como se produzisse uma série de pequenas coisas indubitavelmente objetivas. "Não há informação" não precisa implicar que "não há atividade". Mas para elaborar isso é preciso algum tipo de mudança de chave, algum deslocamento do ataque a um *front* diferente. Consideremos por um momento a ideia aparentemente tão plausível da identidade como dependente de observadores e regras, uma ideia que conduz direto à análise genética dos conceitos mentais. Uma coisa é realmente vermelha se diversas pessoas concordam com a descrição, e isso é o que significa ser realmente vermelho. Alguém realmente decidiu, em linhas gerais, se as pessoas concordam que esse alguém seguiu as regras do conceito "decidir". Decidir significa seguir essas regras, e o agente não é o único juiz. Ações são "formas de deslocar as coisas no mundo público", e os observadores objetivos têm a prerrogativa de decidir o que *são* esses movimentos.

Wittgenstein, como eu disse, não aplica essa ideia a conceitos morais, e tampouco discute sua relação com conceitos mentais na medida em que estes formam parte da esfera da moralidade. (Que os conceitos mentais entram na esfera da moralidade é, para meu argumento, precisamente o ponto central.) Mas também não estabelece um limite para a ideia, e eu gostaria de estabelecer esse limite. Acredito que o que permitiu que essa ideia de identificação chegasse longe demais foi, em parte, uma concepção acrítica da ciência assumida do ponto em que Hume parou.

Hume imaginou uma variedade de átomos, pequenos, rígidos e indubitáveis dados sensoriais ou aparências, cujo arranjo "subsequente" fornecia o chamado mundo material. A revolução copernicana da filosofia moderna ("Não se pode ter 'conhecimento' das 'aparências'") desloca a noção de certeza do interior ao exterior: regras públicas agora determinam o que é certo. Ainda é possível discutir se não se pode encontrar algum sentido em "estar errado sobre uma aparência". Sem dúvida existe uma margem para debate aqui, mas esse debate nunca se tornou dos mais radicais. Permaneceu dentro dos termos gerais da revolução; e, embora seja impossível negar a importância dessa revolução, até o momento ela tem sido, com efeito, uma continuação de Hume por outros meios. (A obra de J. L. Austin, por exemplo, é um exorcismo detalhado e brilhante da ideia da impressão dos sentidos. Mas, ao substituir por um mundo impessoal da linguagem o velho mundo impessoal dos átomos de Hume e Russell, de certa maneira ele "salva" o último.) O que o filósofo está tentando caracterizar, na verdade justificar, ainda é a ideia de um mundo impessoal dos fatos: o rígido mundo objetivo para fora do qual a vontade salta a uma posição de isolamento. O que define e constitui fato foi deslocado de um lugar a outro, mas a ideia radical de "fato" continua a mesma. A lógica (as regras impessoais) obriga aqui a ciência a um modelo filosófico.

O que causa dificuldades a esse modelo é a concepção de pessoas ou indivíduos, uma concepção inseparável da moralidade. Todo o vocabulário, tão profundamente familiar para nós, da "aparência" e da "realidade", tal como usado pelos empiristas britânicos ou pelo empirismo moderno, é cru e bruto quando aplicado ao indivíduo humano. Considere-se, por exemplo, o caso de um homem tentando determinar em privado se o que ele "sente" é arrependimento ou não. É claro que essa investigação está sujeita a algumas regras públicas, do contrário não seria *essa* investigação: e poderia haver dúvida ou disputa se é ou não essa investigação. Mas, ignorando esse ponto, a atividade em questão continuará sendo uma atividade muito pessoal sobre a qual o *prêmio* do "mundo impessoal da linguagem" será o menos problemático; ou, então, é uma atividade que põe em questão a existência desse mundo impessoal. Aqui um indivíduo está fazendo um *uso* pessoal especializado de um conceito. É claro que de início é de seu ambiente que ele extrai o conceito; mas o retira para sua privacidade. Conceitos desse tipo se prestam a esses usos; e o uso que se faz deles é em parte uma função da *história* do usuário. Hume e Kant, os dois santos padroeiros da filosofia moderna, abominam a história, cada um à sua maneira, e abominam a noção particular de privacidade que a história implica. Certa concepção de lógica e certa concepção de ciência também abominam a história.

A soberania do Bem

Mas, uma vez que o indivíduo histórico é "permitido", uma série de coisas têm que ser ditas diferentemente. A ideia de "realidade objetiva", por exemplo, sofre importantes modificações quando deve ser entendida não em sua relação com "o mundo descrito pela ciência", mas em sua relação com o progresso da vida de uma pessoa. A "reavaliação" e a "redefinição", que estão entre as principais características de uma personalidade viva, muitas vezes sugerem e demandam um procedimento de verificação que é função de uma história individual. O arrependimento pode significar algo diferente para um indivíduo em momentos diversos de sua vida, e o que significa é parte de sua vida, não podendo ser compreendido fora desse contexto.

Existe, é claro, uma "ciência" preocupada especialmente com a história do indivíduo: a psicanálise. E, determinado a todo custo a não se afastar de uma concepção científica do "objetivo", é à psicanálise que Hampshire acaba apelando: de maneira muito apropriada ele permite a entrada do indivíduo histórico, mas, com isso, pretende mantê-lo sob controle. Hampshire identifica um fundo impessoal no procedimento de verificação do indivíduo com a ajuda da noção de uma análise ideal. O analista é visto como alguém que está "lá", como o observador competente definitivo fazendo o papel do olho de Deus. Hampshire permite que seja possível, em teoria, embora não na prática, "abordar explicações completas de inclinação e comportamento em qualquer caso individual por meio de uma análise infinita". Mas por que um psicanalista não especificado seria a medida de todas as coisas? A psicanálise é uma ciência pouco precisa e embrionária, e, mesmo que não fosse, não conheço nenhum argumento que mostre que temos que tratar seus conceitos como fundamentais. A noção de "análise ideal" é enganosa. Não há nenhuma série cuja extensão poderia conduzir a tal ideal. Essa é uma questão *moral*; e o que está em jogo aqui é a liberação da moralidade – e da filosofia como estudo da natureza humana – dos domínios da ciência; ou melhor, dos domínios de ideias inexatas de ciência que assombram os filósofos e outros pensadores. Pela falta, até muito recentemente, de qualquer distinção clara entre ciência e filosofia, essa questão nunca foi apresentada de forma tão vívida antes. A filosofia desempenhou no passado o papel de ciência em parte porque era pensada como ciência.

O existencialismo, tanto em sua versão continental quanto em sua versão anglo-saxônica, é uma tentativa de resolver o problema sem encará-lo: resolver atribuindo ao indivíduo uma liberdade solitária e vazia, uma liberdade, se ele quiser, de "ir contra os fatos". O que retrata é, na verdade, a terrível solidão do indivíduo abandonado em uma ilha minúscula no meio do mar dos fatos científicos, a moralidade escapando da ciência apenas por um salto selvagem da vontade. Mas nossa situação não é assim. Para colocar em palavras simples e nos termos do exemplo de M e sua nora: mesmo que M recebesse uma explicação psicanalítica completa de sua conduta com N, ela não precisa ser confinada a essa explicação. Não porque M tenha uma liberdade insensata e petulante que lhe permita ser cega, nem porque (na visão mais sutil proporcionada por Hampshire) ela possa então empregar suas forças físicas no campo que melhor conheça. Mas sim porque M não é forçada de nenhuma maneira a adotar esses conceitos, em detrimento, digamos, de qualquer conjunto de conceitos morais ou religiosos. A ciência pode instruir a moralidade em certos pontos e pode mudar sua direção, mas não pode conter a moralidade nem, portanto, a filosofia moral. A importância desse ponto pode ser mais facilmente ignorada por uma filosofia que se divorcia da liberdade e do conhecimento, e subjuga o conhecimento (por meio de uma ideia acrítica de "razões impessoais") ao domínio da ciência. Mas a independência de M em relação à ciência, e ao "mundo dos fatos" que a filosofia empirista criou à imagem da ciência, não reside simplesmente em sua vontade móvel, mas em sua mente que vê e sabe. Conceitos morais não se movem *dentro* de um mundo rígido definido pela ciência e pela lógica. Eles estabelecem, com diferentes propósitos, um mundo diferente.

Permitam-me agora tentar explicar de forma mais positiva o que nos conceitos morais elimina inteiramente sua relação com a visão behaviorista e sua explicação genética do fenômeno mental. Quero aqui conectar duas ideias: a ideia de indivíduo e a ideia de perfeição. O amor é conhecimento do indivíduo. M está confrontada com N em uma tarefa infinita. As tarefas morais são, por característica, infinitas não apenas porque "dentro" de um conceito dado nossos esforços seriam imperfeitos, mas também porque, à medida que observamos e nos deslocamos, nossos conceitos vão se transformando. Falar aqui de uma imperfeição inevitável, ou de um limite ideal de amor ou de conhecimento que sempre recua, pode ser tomado como referência à nossa condição humana "decaída", mas isso não precisa ter um sentido dogmático especial. Como não somos nem anjos nem animais, e sim indivíduos humanos, nossas relações têm esse aspecto; e isso pode ser visto como um fato empírico ou, por aqueles que preferem essa terminologia, como uma verdade sintética *a priori*.

A entrada em um conceito mental da noção de um limite ideal destrói o significado da análise genética. (Hampshire permitiu que a ideia de perfeição tocasse apenas um conceito, o de intenção: mas tentou resguardar da moralidade esse conceito ao fazer do limite ideal um limite científico.) Vejamos como é isso. Será o "amor" um conceito mental e, se for, poderá ser analisado geneticamente? É certo que, na canção infantil, o carneirinho de Maria a amava, por isso a seguiu até a escola; e, em algum sentido de "aprender", podemos muito bem aprender o conceito, a palavra, nesse contexto. Mas chegar a tal conceito não é o fim da questão (e tampouco o começo). As palavras podem nos enganar aqui, pois tendem a ser estáveis enquanto os conceitos se alteram; aos 40 anos, temos uma imagem de coragem diferente da que tínhamos aos 20. Ocorre um processo profundo, um processo complicado de transformação. Há dois sentidos em "saber o que uma palavra significa", um ligado à linguagem comum e outro que pouco tem a ver com isso. O conhecimento de um conceito de valor é algo a ser entendido em profundidade, e não apenas o situando em alguma rede impessoal. Além disso, se a moralidade está essencialmente vinculada à mudança e ao progresso, não podemos ser tão democráticos em relação a ela quanto alguns filósofos gostariam de pensar. Não "sabemos", simplesmente, apenas por sermos racionais e conhecermos a linguagem comum, o significado de todas as palavras morais necessárias. Podemos ter que aprender o significado; e, como somos indivíduos humanos históricos, o movimento de compreensão progride para uma crescente privacidade, na direção do limite ideal, e não de volta à gênese das determinações de uma linguagem pública impessoal.

Nada do que estou dizendo aqui é particularmente novo: coisas semelhantes foram ditas por vários filósofos de Platão em diante, e aparecem como lugares-comuns da ética cristã, cujo centro é o indivíduo. Para me aproximar à tradição platônica, o presente debate é reminiscente das velhas discussões sobre universais abstratos e concretos. Minha visão pode ser expressa assim: termos morais têm que ser tratados como universais concretos. E se alguém a essa altura resolvesse dizer, bom, por que parar nos conceitos morais, por que não alegar que todos os universais são concretos, eu concordaria: por que não? Por que não considerar o vermelho como um ponto final ideal, como um conceito a ser aprendido ao infinito, com um objeto individual de amor? Um pintor poderia dizer: "Você não sabe o que significa vermelho." Isso seria, por contra-ataque, recuperar a ideia de valor, posta de lado pela ciência e pela lógica, e fazê-la ocupar todo o campo do conhecimento. Mas isso seria parte de um argumento diferente, e não é minha preocupação aqui. Talvez todos os conceitos pudessem ser considerados dessa forma, mas agora estou defendendo apenas que alguns conceitos têm que sê-lo.

Ao sugerir que o conceito central da moralidade é o "individual" pensado como cognoscível pelo amor, pensado à luz do comando "sede vós, pois, perfeitos", não estou, apesar do arcabouço filosófico a que eu possa recorrer aqui, sugerindo nada de esotérico. Na verdade, para a pessoa comum, essa seria uma imagem muito mais familiar do que a existencialista. Comumente concebemos e apreendemos a bondade em termos de virtudes que pertencem a uma contínua construção do ser. E é apenas a natureza histórica, individual, das virtudes como de fato exemplificadas que torna tão difícil aprender a bondade com outra pessoa. Pode-se mesmo dizer que "copiar uma ação correta é agir com correção" (Hampshire, *Logic and Appreciation* [Lógica e apreciação]), mas qual a forma que eu deveria copiar? É um truísmo da filosofia recente a ideia de que essa operação de discernir a forma é bastante fácil, de que a racionalidade nesse sentido simples é uma preocupação constante. É claro que, para certos propósitos convencionais, de fato é. Mas é característico da moral que não possamos nos situar inteiramente no nível convencional, e que em alguns sentidos não devamos.

Podemos considerar nesse contexto a ambiguidade de Kant em sua *Fundamentação da metafísica dos costumes*, na qual ele nos diz que, quando confrontados com a pessoa de Cristo, devemos nos voltar ao padrão de racionalidade que há em nosso próprio peito e decidir se aprovamos ou não o homem que vemos. Kant é muitas vezes reivindicado em apoio à visão existencialista: e essas palavras podem ser prontamente tomadas em defesa do retorno ao eu, da preocupação com a pureza da vontade solitária defendida por todos os tipos de existencialismo. Aqui estou sozinha, com total responsabilidade e liberdade, e só posso fazer de forma responsável e apropriada o que seja inteligível para mim, o que posso fazer com uma intenção clara. Mas é preciso lembrar que Kant era um "naturalista metafísico" e não um existencialista. Para ele, a razão em si é um limite ideal, e de fato sua expressão "Ideia de Razão" revela precisamente essa aspiração incessante à perfeição que é característica da atividade moral. Sua razão não é a razão "adquirida" ou "dada" que coaduna com a "linguagem comum" e a convenção, nem seu homem está totalmente desorientado e sozinho. Existe uma realidade moral, um padrão real, embora infinitamente distante: as dificuldades de entendimento e imitação permanecem. E, de certa maneira, talvez seja uma questão de tática e temperamento se devemos olhar para Cristo ou para a Razão. Kant estava especialmente impressionado com os perigos da obediência cega a uma pessoa ou instituição. Mas há (como a história do existencialismo nos mostra) muitos perigos relacionados à ideia ambígua de encontrar o ideal no peito de cada um. O argumento para olhar para fora – Cristo – e não para dentro – a Razão – é que o eu é um objeto tão deslumbrante que, quando se olha *ali*, é possível acabar não vendo mais nada. Mas, como digo, se o olhar estiver dirigido para o ideal, a formulação exata será uma questão de história e de tática em um sentido que não está rigidamente determinado pelo dogma religioso, e o entendimento do ideal será parcial em qualquer caso. Onde a virtude está concernida, muitas vezes apreendemos mais do que entendemos claramente, e *crescemos por meio do olhar*.

Permitam-me sugerir em mais detalhe como acho que esse processo acontece. Espero que isso me possibilite esclarecer o *status* da visão que defendo, relacionando-a em particular com a filosofia linguística. Falei de um processo de aprofundamento ou complicação, um processo de aprendizado, um progresso, que pode acontecer nos conceitos morais, na dimensão que possuem em virtude de sua relação com um limite ideal. Ao descrever o exemplo de M e sua nora, chamei a atenção para o papel importante desempenhado pelas palavras normativo-descritivas, as palavras de valor especializadas ou secundárias (tais como "vulgar", "espontânea" etc.). Por meio dessas palavras, ocorre o que poderíamos chamar de "cerco do indivíduo pelos conceitos". Os usos de tais palavras são tanto instrumentos como sintomas de aprendizado. O aprendizado acontece quando tais palavras são usadas, seja em voz alta ou em privado, no contexto de atos particulares de atenção (M atentando para N). Esse é um ponto que merece ênfase. Que as palavras não são atemporais, que os empregos das palavras são ocasiões históricas, foi algo ressaltado por alguns filósofos com vários propósitos (Strawson nota isso quando ataca a teoria das descrições). Mas as implicações completas desse fato, com suas consequências para a pretensa atemporalidade da razão, não foram plenamente exploradas por nossa filosofia moderna. Como Platão observa no final de *Fedro*, as palavras em si não contêm sabedoria. Palavras ditas a indivíduos específicos em momentos específicos podem ocasionar sabedoria. As palavras, além disso, têm tanto um contexto espaço-temporal como um contexto conceitual. Aprendemos atentando aos contextos, o vocabulário se desenvolve pela atenção aos objetos, e só podemos entender os

A soberania do Bem

outros se compartilhamos em alguma medida seus contextos (e muitas vezes não compartilhamos). O uso de palavras por pessoas agrupadas em torno de um objeto comum é uma atividade humana central e vital. A crítica de arte pode nos ajudar se estamos na presença do mesmo objeto e se sabemos algo de sua trama de conceitos. Ambos os contextos são relevantes para nossa habilidade de tentar "ver mais", de tentar "ver o que ele vê". Aqui, como tantas vezes, uma analogia estética auxilia a moral. M poderia ser ajudada por alguém que conhecesse N, alguém cuja trama conceitual M conseguisse entender ou, naquele contexto, começar a entender. O progresso no entendimento de uma trama de conceitos muitas vezes acontece quando escutamos um discurso normativo-descritivo na presença de um objeto comum. Venho falando, em relação ao nosso exemplo, sobre progresso ou mudança para melhor, mas é claro que tal mudança (e isso é mais comum de se observar) também pode ser para pior. A conversa cotidiana não é sempre uma atividade moralmente neutra, e certas formas de descrever as pessoas podem ser viciosas e erradas. Um conjunto inteligente de conceitos pode ser um instrumento muito eficiente de corrupção. É especialmente característico das palavras normativas, tanto desejáveis como indesejáveis, que pertençam a conjuntos ou padrões que, se não recebem uma apreciação, impedem o entendimento dessas palavras. Se um crítico nos diz que uma pintura tem uma "cor funcional" ou uma "forma significativa", precisamos conhecer não apenas a pintura, mas também algo da teoria geral do crítico para entender seu comentário. Similarmente, se M diz que N é "comum", embora o termo não pertença a um vocabulário técnico, esse uso só pode ser plenamente entendido se conhecemos não apenas N, mas M.

Essa dependência da linguagem aos contextos de atenção tem consequências. A linguagem é muito mais idiossincrática do que se tem admitido. Razões não são necessariamente, em sua qualidade de razões, públicas. Podem ser razões para muito poucos, o que não lhes retira o mérito. "Não consigo explicar. Você teria que conhecê-la." Se falta o objeto comum, a comunicação pode se romper e as mesmas palavras podem ocasionar resultados diferentes em ouvintes diferentes. Isso pode parecer uma reflexão bastante óbvia, mas a filosofia frequentemente é um meio de encontrar o contexto apropriado para dizer o óbvio. Seres humanos são obscuros uns para os outros, em certos aspectos particularmente relevantes para a moralidade, exceto quando são objetos mútuos de atenção ou têm objetos comuns sob sua atenção, já que isso afeta o grau de elaboração de um vocabulário comum. Desenvolvemos a linguagem no contexto do olhar: mais uma vez a metáfora da visão. A noção de acesso privilegiado a acontecimentos internos tem sido considerada moralmente suspeita porque, entre outras coisas, separaria as pessoas "do mundo ordinário do argumento racional". Mas a inevitável privacidade contextual da linguagem já faz isso, e, a não ser em um nível muito simples e convencional de comunicação, esse mundo ordinário não existe. Essa conclusão é temida e evitada por muitos moralistas porque parece inimiga da operação da razão e porque a razão se constrói em cima de um modelo científico. A linguagem científica tenta ser impessoal e exata, porém acessível aos propósitos de um trabalho em equipe; e o grau de acessibilidade pode ser decidido em relação a objetivos práticos definidos. A linguagem moral, que lida com uma realidade infinitamente mais complexa e variada que a da ciência, é amiúde inevitavelmente idiossincrática e inacessível.

As palavras são os símbolos mais sutis que possuímos, e nosso tecido humano depende delas. A natureza viva e radical da linguagem é algo que esquecemos para nosso próprio risco. É totalmente enganoso falar, por exemplo, de "duas culturas", uma literária e humana e outra científica, como se tivessem *status* igual. Só existe uma cultura, da qual a ciência, tão interessante e tão perigosa, é agora uma parte importante. Mas o aspecto mais essencial e fundamental da cultura é o estudo da literatura, uma vez que essa é uma educação sobre como imaginar e entender situações humanas. Somos homens e agentes morais antes de sermos cientistas, e o lugar da ciência na vida humana deve ser discutido em *palavras*. Por isso é e sempre será mais importante saber sobre Shakespeare do que saber sobre qualquer cientista: e se há um "Shakespeare da ciência", seu nome é Aristóteles.

Usei a palavra "atenção", que tomei de empréstimo de Simone Weil, para expressar a ideia de um olhar justo e amoroso dirigido a uma realidade individual. Acredito que esse seja o traço característico e próprio do agente moral ativo. "Característico" e "próprio" sugerem por sua vez uma alegação lógica e uma alegação normativa; e a seguir discutirei até que ponto o que estou dizendo pode ser tomado como recomendação, e até que ponto como descrição. Em todo caso, uma teoria, seja ela normativa ou lógica, é mais atraente quanto mais explica, quanto mais sua estrutura pode ser vista como subjacente a coisas que nos são familiares na vida comum. Quero agora argumentar que a visão que estou sugerindo oferece um relato mais satisfatório da liberdade humana do que a visão existencialista. Classifiquei como existencialistas tanto filósofos como Sartre, que reivindicam o título, quanto filósofos como Hampshire, Hare, Ayer, que não o reivindicam. Uma característica de ambos os grupos é a identificação da pessoa verdadeira com a vontade vazia e seletiva, e a ênfase correspondente na ideia de movimento, em vez da ideia de visão. Essa ênfase combina com a tendência antinaturalista do existencialismo. Não há sentido em se falar de "visão moral", já que *moralmente* não há nada para ver. Não existe visão moral. Existe apenas o mundo ordinário enxergado com uma visão ordinária, e existe a vontade se movendo dentro dele. Aquelas que chamamos de vertente kantiana e vertente surrealista do existencialismo podem ser diferenciadas por seu grau de interesse pelas *razões* para a ação, que diminuem a nada no lado surrealista.

Nossos filósofos britânicos estão, é claro, muito interessados nas razões, enfatizando, como eu disse, a acessibilidade, a natureza não esotérica do raciocínio moral. Mas argumenta-se que a produção de tais razões (e esse é o sentido de enfatizar seu caráter impessoal) de nenhuma maneira conecta ou amarra o agente ao mundo ou a contextos pessoais especiais dentro do mundo. O agente escolhe livremente suas razões a partir de fatos abertos visíveis para todos e, depois de escrutiná-los, ele age. Argumenta-se que essa operação *é* o exercício da liberdade. Essa imagem do homem como um ser independente altamente consciente é oferecida por alguns filósofos como um dom e por outros, por exemplo Hampshire, como uma norma, embora Hampshire tome o cuidado de dar à norma uma base científica.

Pensemos agora muito simplesmente se isso é realista: se, em nossa experiência, é assim que a escolha moral se dá. A princípio pode parecer que os existencialistas têm uma vantagem no fato de darem conta de um aspecto peculiar da escolha moral, o estranho vazio que muitas vezes ocorre no momento da escolha. É claro que as escolhas acontecem em vários níveis de consciência, importância e dificuldade. Em uma escolha simples e insignificante, pode-se observar "o que acontece" como nada além da sequência de razão, decisão, ação, ou apenas razão, ação; e tais escolhas podem ser muito bem vistas como "impessoais". "Devo prosseguir? Ah, sim, eu prometi." Recebo minha conta e pago. Mas escolhas difíceis e dolorosas muitas vezes apresentam essa experiência de vazio de que tanto se falou: essa sensação de não serem determinadas pelas razões. Essa sensação é alardeada com deleite por ambas as vertentes do existencialismo. Para a vertente kantiana, ela mostra que somos livres em relação às razões; para a vertente surrealista, ela mostra que não existem razões. De fato, essa experiência de vazio parece corroborar perfeitamente a noção de que a liberdade é apenas o movimento da vontade solitária. A escolha é um movimento externo, já que não há outra coisa que ela possa ser.

Mas será esse o caso, e devemos mesmo ficar tão satisfeitos com essa experiência? Um comentário um tanto mais sombrio sobre ela é lançado em certo momento por Sartre, que nesse problema oscila loucamente entre o kantismo e o surrealismo. *Quand je delibère les jeux sont faits.* Se em momentos de escolha estamos tão estranhamente separados do mundo, será que estamos de fato escolhendo, estamos mesmo corretos em *nos* identificar com essa vontade vazia irrefletida? (Hampshire: "Eu me identifico com minha vontade.") Em uma reação do pensamento que nunca está muito longe dos existencialistas mais extremos (Dostoiévski, por exemplo), alguém poderia recorrer aqui ao determinismo, ao fatalismo, enxergando a liberdade como uma completa ilusão. Quando delibero, os dados já estão lançados. As forças dentro de mim que me são obscuras já tomaram a decisão.

Essa visão é, no entanto, menos atraente e menos realista do que a outra. Temos mesmo que escolher entre uma imagem de total liberdade e uma imagem de total determinismo? Não conseguimos chegar a uma avaliação mais equilibrada e iluminada da questão? Sugiro que podemos, simplesmente introduzindo no quadro a ideia de *atenção*, de olhar, da qual eu vinha falando antes. Só posso escolher dentro do mundo que *vejo*, no sentido moral de "ver" que implica que a visão clara é um resultado da imaginação moral e do esforço moral. Também existe a "visão distorcida", é claro, e a palavra "realidade" aparece aqui inevitavelmente como palavra normativa. Quando M é justa e amorosa, vê em N quem ela é de verdade. Muitas vezes nos sentimos compelidos quase automaticamente pelo que *podemos* ver. Se ignoramos o trabalho anterior da atenção e notamos apenas o vazio do momento da escolha, tendemos a identificar a liberdade com o movimento exterior, já que não há nada mais com que identificá-la. Mas, se levamos em conta como é o trabalho da atenção, como ele se dá de forma contínua, e a maneira imperceptível como ele constrói estruturas de valor à nossa volta, não ficaremos surpresos de que, em momentos cruciais de escolha, a maior parte do processo de escolha já esteja feita. Isso não implica que não sejamos livres, absolutamente. Mas implica que o exercício de nossa liberdade é algo que se dá aos poucos e de modo fragmentário o tempo inteiro, e não um salto grandioso e desimpedido em momentos importantes. A vida moral, nessa visão, é algo que se dá continuamente, não algo que se desliga entre as ocorrências das escolhas morais explícitas. O que acontece entre essas escolhas é, na verdade, o que há de mais crucial. Gostaria de usar, do conjunto, a palavra "atenção" como uma palavra boa, e utilizar um termo mais geral, "olhar", como a palavra neutra. É claro que se derrama energia psíquica também na construção de retratos convincentes e coerentes, porém falsos, do mundo, completos e com vocabulário sistemático (M vendo N como vulgar-comum-juvenil etc.). A atenção é o esforço de combater esses estados de ilusão.

Por essa visão nós somos, em certo sentido, menos livres do que pela outra, já que a outra apresentava uma condição de liberdade perfeita como sendo ou um destino inevitável (os surrealistas) ou um objetivo que se podia conceber alcançável (os kantianos). A liberdade, para Hampshire, é questão de ter intenções muito claras. Mas na visão que estou sugerindo, que vincula a moralidade com a atenção aos indivíduos, aos indivíduos humanos ou às realidades individuais de outro tipo, a batalha e o progresso são algo mais obscuro, mais condicionado historicamente, e em geral menos claramente consciente. A liberdade, ela mesma um conceito moral e não apenas um pré-requisito da moralidade, não pode ser separada da ideia de conhecimento. Aquilo *de que* ela é conhecimento, aquela "realidade" que tão naturalmente somos levados a pensar como revelada apenas pela "atenção", só pode, dada a variedade de personalidades e situações, ser pensada como "uma", como um objeto único para todos os homens, em um sentido muito remoto e ideal. É um profundo paradoxo da filosofia moral que quase todos os filósofos tenham sido levados de um modo ou de outro a pensar a bondade como conhecimento; e, no entanto, mostrar isso em qualquer tipo de detalhe, mostrar a "realidade" como "uma", parece envolver um pré-julgamento impróprio de alguma questão moral. Uma consciência aguda dessa última dificuldade fez parecer axiomático, para os filósofos recentes, que "o naturalismo é uma falácia". Mas eu sugeriria que, no âmbito do senso comum sério e da reflexão ordinária não filosófica sobre a natureza da moral, é perfeitamente óbvio que a bondade *tem* relação com o conhecimento: não com um conhecimento impessoal e pseudo-científico do mundo ordinário, seja ele qual for, mas com uma percepção refinada e honesta do que é realmente o caso, um discernimento paciente e justo e uma exploração do que nos confronta, o que é resultado não apenas de uma abertura de olhos, mas de um tipo de disciplina moral perfeitamente familiar.

O que restaria então do "vazio", da experiência de *Angst* de que os existencialistas tanto falaram? Se não pode ser entendido no sentido que eles lhe atribuem, de uma experiência de pura liberdade, o que ele é, afinal, e será que de fato ocorre? Talvez existam muitas condições diferentes envolvidas aqui. Mas a condição central, o coração do conceito, creio que o descreveria mais como um tipo de medo que a vontade consciente sente quando apreende a força e a direção da personalidade que não está sob seu controle imediato. Inúmeros "olhares" descobriram e exploraram um mundo que (para o bem ou para o mal) se apresenta agora *compulsivamente* à vontade em uma situação específica, e a vontade se frustra diante do sentimento de que deveria ser tudo nesse instante e não é. A *Angst* pode ocorrer quando se sente alguma discrepância entre a personalidade e os ideais. Talvez as pessoas muito simples escapem dela, e algumas civilizações não a experimentem em absoluto. A *Angst* extrema, em sua forma popular moderna, é uma doença ou vício daqueles que estão passionalmente convencidos de que a personalidade reside apenas na vontade consciente onipotente: e, na medida em que essa convicção está errada, a condição participa da ilusão. É óbvio que se trata, na prática, de um problema moral delicado, decidir quanto a vontade pode coagir a personalidade formada (*mover* em um mundo que ela não consegue *ver*) sem provocar desastre. Mas o conceito de *Angst* deve ser distinguido de seu ancestral, a *Achtung* de Kant, em que o horror diante da fragilidade da vontade se combina com uma consciência inspirada da realidade pela qual a vontade é atraída (o desespero na vontade sensorial, a alegria na vontade racional).

A perda dessa consciência, dessa fé, produz *Angst*, que é propriamente uma condição de sóbrio alarme. Aqueles que se regozijam, ou tentam se regozijar, com a *Angst*, isto é, com a mera impotência da vontade e sua falta de conexão com a personalidade, correm o risco, como sugeri antes, de cair no fatalismo ou na mera irresponsabilidade.

O lugar da escolha é decerto diferente do que pensamos em termos de um mundo que se apresenta à vontade *compulsivamente*, e cujos discernimento e exploração são lentos. A mudança moral e a conquista moral são lentas; não somos livres no sentido de sermos capazes de nos modificar de repente, já que não podemos mudar de repente o que vemos e, assim, o que desejamos e o que nos compele. De certa maneira, a escolha explícita parece agora menos importante: menos decisiva (já que muito da "decisão" está em outro lugar) e menos obviamente algo a ser "cultivado". Se eu atento direito não terei escolhas, e essa é a condição definitiva a que se deve almejar. Isso é, de certa maneira, o inverso do quadro de Hampshire, em que nossos esforços deveriam se dirigir a aumentar nossa liberdade ao conceituar o máximo possível de possibilidades de ação: adquirir tantos produtos quanto possível numa loja. A situação ideal, pelo contrário, é mais bem representada como um tipo de "necessidade". É algo de que falam os santos e que todo artista entende de imediato. A ideia de um olhar paciente e amoroso, dirigido a uma pessoa, uma coisa, uma situação, apresenta a vontade não como um movimento desimpedido, mas como algo que se parece muito mais a uma "obediência".

A vontade e a razão não são, assim, faculdades inteiramente separadas no agente moral. A vontade continua a influenciar a crença, para o bem ou para o mal, e idealmente é capaz de influenciá-la por meio de uma atenção prolongada à realidade. É a isso que Simone Weil se refere quando diz que "a vontade é obediência, e não resolução". Como agentes morais, temos que tentar ver com justiça, superar o preconceito, evitar a tentação, controlar e conter a imaginação, dirigir a reflexão. O homem não é uma combinação de um pensador impessoal racional e uma vontade pessoal. É um ser unificado que vê, e que tem algum ligeiro controle contínuo sobre a direção e o foco de sua visão. Acho que não há nada, nesse quadro, que seja pouco familiar à pessoa comum. Dificuldades filosóficas podem surgir se tentamos atribuir um sentido único e organizado à palavra normativa "realidade". Mas essa palavra pode ser usada como um termo filosófico desde que suas limitações sejam compreendidas. O que é real pode ser não empírico sem ser sistemático no sentido maior. Em situações particulares, a "realidade", como aquela que se revela ao olho paciente do amor, é uma ideia inteiramente compreensível à pessoa comum. M sabe o que está fazendo quando tenta ser justa com N, e nós também sabemos o que ela está fazendo.

Eu disse que qualquer artista apreciaria a noção da vontade como obediência à realidade, uma obediência que idealmente ensina uma posição onde não há escolha. Um dos grandes méritos da psicologia moral que estou propondo é que ela não contrasta arte e moral, mas as mostra como dois aspectos de uma só batalha. A visão existencialista-

-behaviorista não podia dar conta satisfatoriamente da arte: enxergava-a como uma atividade quase lúdica, gratuita, "para seu próprio bem" (no conhecido *slogan* kantiano empregado pelo grupo de Bloomsbury), um tipo de subproduto de nosso fracasso em sermos inteiramente racionais. Essa visão da arte é intolerável. Em um desses importantes movimentos de retorno da teoria filosófica às coisas simples de que temos certeza, devemos voltar ao que sabemos sobre a grande arte, a revelação moral que ela contém e a grande realização moral que ela representa. Bondade e beleza não devem ser contrastadas, pois fazem parte da mesma estrutura. Platão, que nos diz que a beleza é a única coisa espiritual que amamos de imediato por natureza, trata o belo como uma seção introdutória do bem. De modo que situações estéticas não são analogias da moral, e sim casos de moral. No fundo, a virtude do artista é a mesma do homem bom, na medida em que é uma atenção abnegada à natureza: algo que é fácil de nomear, mas muito difícil de alcançar. Artistas que refletiram sobre a questão muitas vezes deram expressão a essa ideia. (Por exemplo Rilke, referindo-se a Cézanne, fala de um "consumo de amor em obra anônima", em carta a Clara Rilke, em 13 de outubro de 1907.)

Como a visão existencialista-behaviorista queria conceber a vontade como puro movimento separado da razão, e privar a razão do uso de palavras normativas (já que ela devia ser "objetiva"), o agente moral visto assim podia se haver – era na verdade quase forçado a se haver – apenas com os termos morais mais vazios e gerais, como "bom" e "certo". As palavras morais vazias têm correspondência aqui com o vazio da vontade. Se a vontade deve ser totalmente livre, o mundo em que ela se move deve ser desprovido de características normativas, de modo que a moralidade possa residir inteiramente no ponteiro da pura escolha. Em minha visão, pode-se dizer que, *per contra*, as palavras primárias gerais poderiam ser inteiramente dispensadas e todo o trabalho moral poderia ser feito pelas palavras secundárias especializadas. Se imaginamos o agente compelido pela obediência à realidade que ele vê, ele não dirá "Isso está certo", isto é, "Eu escolho fazer isso"; ele dirá "Isso é A B C D" (palavras normativo-descritivas), e a ação se seguirá com naturalidade. Como não se dará a escolha vazia, a palavra vazia não é necessária. Mas está longe de minhas intenções rebaixar ou dispensar o termo "bem"; o que quero é lhe restituir a dignidade e a autoridade que possuía antes de Moore aparecer em cena. Falei dos esforços de atenção dirigidos sobre os indivíduos e da obediência à realidade como exercício de amor, e sugeri que "realidade" e "indivíduo" se apresentem para nós em contextos morais como pontos finais ideais ou como Ideias da Razão. É com certeza aí que vive o conceito de bem. "Bem": "Real": "Amor". Essas palavras estão intimamente relacionadas. E aqui recuperamos o sentido profundo da indefinibilidade do bem, termo ao qual tem se atribuído um sentido trivial na filosofia recente. O bem é indefinível não pelos motivos oferecidos pelos sucessores de Moore, mas pela infinita dificuldade da tarefa de apreender uma realidade magnética e inexaurível. De certo modo, Moore esteve mais perto da verdade do que percebeu quando tentou dizer tanto que o Bem estava *lá* quanto que não era possível dizer nada sobre o que ele era em sua essência. Se a apreensão do bem é a apreensão do indivíduo e do real, então o bem participa do caráter infinitamente elusivo da realidade.

Muitas vezes indiquei que a imagem que estou oferecendo deveria ser pensada como uma base metafísica geral para a moral, e não como uma fórmula que pode ser luminarmente introduzida em todo e qualquer ato moral. Não existe, até onde sei, nenhuma fórmula desse tipo. Não somos sempre o indivíduo em busca do indivíduo, não estamos sempre reagindo à atração magnética da ideia de perfeição. Muitas vezes, por exemplo quando pagamos nossas contas ou efetuamos pequenos atos cotidianos, somos apenas um "ninguém" executando o que deve ou fazendo escolhas por razões públicas comuns; e essa é a situação que alguns filósofos escolheram analisar exclusivamente. Além disso, tenho plena consciência dos perigos *morais* da ideia de moralidade como algo que toma a pessoa inteira e que pode levar a uma visão e a uma linguagem especializada e esotérica. O dar e receber entre os níveis privado e público de moralidade costuma ser vantajoso a ambos e inevitável. O nível "convencional", na verdade, muitas vezes não é tão simples quanto parece, e o hino esquisito que eu cantava em minha infância, "Quem varre uma sala por Tuas leis faz isso bem e uma boa ação", não era um dito tolo. O trabalho de atenção se dá o tempo inteiro, e em momentos aparentemente vazios e cotidianos estamos "olhando", fazendo aqueles esforços de espreita da imaginação que têm resultados acumulativos tão importantes.

Também não quero que entendam que estou sugerindo que a percepção e a pureza de coração são mais importantes que a ação: aquilo que os filósofos temiam que Moore estivesse indicando. Ações abertas são obviamente importantes por si mesmas, e importantes também porque são o eixo indispensável da cena interna. O interno, *nesse* sentido, não sobrevive sem o externo. Não quero dizer apenas que os rituais externos abrem lugares para as experiências internas, mas também que uma ação aberta pode liberar energias psíquicas que não seriam liberadas de nenhuma outra maneira. Muitas vezes recebemos uma recompensa inesperada por um ato irresoluto e duvidoso: um lugar para a ideia de graça. Sugeri que temos que aceitar uma imagem mais obscura, menos plenamente consciente, menos firmemente racional, da dinâmica da personalidade humana. Com essa entidade obscura por trás, às vezes podemos agir distraidamente de acordo com a regra, ignorar a visão e a energia convulsiva que se retira dela; e podemos descobrir, como consequência, que tanto a energia quanto a visão estão inesperadamente dadas. Decidir quando tentar tais saltos é um dos problemas morais mais difíceis. Mas se de fato saltamos adiante do que sabemos, ainda temos que tentar alcançá-lo. A vontade não pode correr muito à frente do conhecimento, e a atenção é nosso pão de cada dia.

É claro que o que estou aportando aqui não é e não pretende ser uma "análise lógica neutra" de como são os agentes e termos morais. O quadro oferecido por, digamos, Hampshire também não é neutro, e ele o admite entre parênteses (*Thought and Action*, Capítulo 2).

Uma decisão tem que ser tomada entre duas concepções de personalidade. [...] É possível que, em uma sociedade na qual as opiniões teóricas de um homem e suas crenças religiosas fossem de uma importância suprema, suas crenças seriam consideradas tão parte de sua responsabilidade quanto seu comportamento para com os outros homens.

E contrasta esse ponto com "uma cultura utilitarista". Hampshire fala aqui de uma "decisão"; e há sempre um "atalho" existencialista para se contrapor a qualquer teoria rival: "Você usa essa imagem, mas você *escolhe* usá-la." Isso é fazer da proposta existencialista a proposta definitiva. Eu gostaria de cortar qualquer atalho desse tipo de minha teoria. Dizer que é uma teoria normativa não significa dizer que é objeto de livre escolha: a filosofia moderna igualou essas ideias, mas essa é justamente a equação a que estou objetando aqui. Ofereço com franqueza um esboço de teoria metafísica, um tipo de naturalismo inconclusivo não dogmático, que tem a circularidade de definição característica dessas teorias. A teoria rival é similarmente circular; e, como expliquei, não acho que seus argumentos radicais fundamentem de modo convincente suas arrebatadoras conclusões morais e psicológicas.

Os filósofos sempre tentaram retratar a alma humana, e como a moralidade precisa de tais retratos e a ciência, como defendi, não está em posição de coagir a moralidade, não parece haver razão para que os filósofos deixem de tentar criar uma base explanatória sistemática para nossa vida moral ordinária. Hampshire disse, e citei isso no início, que "a tarefa construtiva da filosofia da mente é fornecer uma série de termos em que os julgamentos definitivos de valor possam ser expressos com muita clareza". Colocarei o que penso ser a mesma tarefa em termos de provisão de esquemas conceituais ricos e férteis que nos ajudem a refletir sobre e entender a natureza do progresso moral e do fracasso moral, e as razões para a divergência entre um temperamento moral e outro. E gostaria de fazer minha teoria debelar suas rivais existencialistas sugerindo que é possível, nos termos da minha, explicar por que as pessoas estão obcecadas com essas outras teorias, mas não vice-versa. Em todo caso, o esboço que ofereci, uma nota de rodapé em uma grande e conhecida tradição filosófica, deve ser julgado por seu poder de relacionar, de iluminar, de explicar, e criar lugares novos e frutíferos para a reflexão.

2.
Sobre "Deus" e o "Bem"

Fazer filosofia é explorar nosso próprio temperamento, e ao mesmo tempo é tentar descobrir a
verdade. Parece-me que há um vazio na atual filosofia moral. Áreas periféricas à filosofia se expandem
(a psicologia, a política, a teoria social) ou colap-
sam (a religião) sem que a filosofia seja capaz no
primeiro caso de acompanhar, e no segundo caso de
resgatar, os valores envolvidos. É necessária uma
psicologia filosófica eficiente que ao menos tente
conectar a terminologia psicológica moderna com
uma terminologia preocupada com a virtude. Precisamos de uma filosofia moral capaz de conversar
de modo significativo com Freud e Marx, e da qual
possam ser geradas visões estéticas e políticas. Precisamos de uma filosofia moral em que o conceito
de amor, tão raramente mencionado hoje pelos filósofos, possa uma vez mais se tornar central.

Alguém dirá que temos uma filosofia funcional,
que é a justa herdeira do passado da filosofia eu-

ropeia: o existencialismo. Essa filosofia dominou tanto a cena que mesmo os filósofos que não reivindicam o nome, muitos linguistas por exemplo, trabalham na verdade com conceitos existencialistas. Embora ela seja de fato herdeira do passado, penso que seja uma doutrina pouco realista e demasiado otimista, além de provedora de certos falsos valores. Isso é mais obviamente verdadeiro em credos mais frágeis, como o "humanismo", com o qual as pessoas podem agora tentar preencher o vazio filosófico.

O grande mérito do existencialismo é que ele ao menos professa e tenta ser uma filosofia com a qual se poderia viver. Kierkegaard descreveu o sistema hegeliano como um grande palácio armado por alguém que então vivia em um barracão ou, na melhor das hipóteses, na guarita do porteiro. Uma filosofia moral deve ser habitada. O existencialismo mostrou-se capaz de se tornar uma filosofia popular e de penetrar nas mentes daqueles (por exemplo, os filósofos de Oxford) que não o buscavam e que podem até permanecer inconscientes de sua presença. Entretanto, embora ele possa decerto inspirar a ação, parece-me fazê-lo por um tipo de provocação romântica e não pela verdade; e seus ponteiros parecem muitas vezes apontar na direção errada. Wittgenstein alegava ter levado ao fim a era cartesiana na filosofia. A filosofia moral do tipo existencialista ainda é cartesiana e egocêntrica. Em poucas palavras, nosso retrato de nós mesmos tornou-se grandioso demais: isolamos e nos identificamos com uma concepção irrealista da vontade, perdemos a visão de uma realidade separada de nós mesmos, e não dispomos de nenhuma concepção adequada do pecado original. Kierkegaard observou com razão que "uma ética que ignora o pecado é uma ciência inteiramente inútil", embora também tenha acrescentado, "a não ser que ela reconheça que o pecado está *eo ipso* além de sua esfera".

Kant acreditava na Razão, Hegel acreditava na História, e para ambos essa era uma forma de crença em uma realidade exterior. Aos pensadores modernos que não acreditam em nenhuma delas, mas que permanecem dentro da tradição, resta um eu desnudado cujas únicas virtudes são a liberdade, ou na melhor das hipóteses a sinceridade, ou, no caso dos filósofos britânicos, uma razoabilidade cotidiana. A filosofia, em seus outros *fronts*, ocupou-se de desmantelar o velho retrato substancial do "eu", e a ética não se provou capaz de repensar esse conceito para propósitos morais. O agente moral é então retratado como princípio de vontade isolado, ou procurando um pontinho de consciência, dentro, ou, ao lado, um pedaço de ser que foi entregue a outras disciplinas, como a psicologia ou a sociologia. De um lado a filosofia luciferiana das aventuras da vontade; do outro, a ciência natural. A filosofia moral, e até a moral, ficam então indefesas contra uma autoafirmação irresponsável e desorientada que facilmente se conjuga com algum tipo de determinismo pseudocientífico. Uma noção não verificada da força da máquina se combina com uma ilusão de saltar fora dela. O jovem Sartre, e muitos filósofos morais britânicos, representam essa última destilação seca das ideias de Kant sobre o mundo. O estudo da motivação se rende à ciência empírica: a vontade toma o lugar do complexo de motivos e também do complexo de virtudes.

A história da filosofia britânica desde Moore representa intensamente em miniatura os dilemas especiais da ética moderna. O empirismo, em especial na forma que lhe deu Russell, e mais tarde Wittgenstein, quase expulsou a ética da filosofia. Julgamentos morais não eram factuais, ou verdadeiros, e não tinham lugar no mundo do *Tractatus*. Moore, embora ele mesmo sustentasse uma curiosa metafísica dos "fatos morais", ditou o tom quando nos disse que devíamos distinguir cuidadosamente a questão "Que coisas são boas?" da questão "O que significa o 'bem'?". A resposta a essa última questão relacionava-se com a vontade. O bem era indefinível (o naturalismo era uma falácia) porque qualquer bem oferecido podia ser escrutinado por qualquer indivíduo por meio do movimento de "dar um passo atrás". Essa forma de kantismo ainda guarda seu apelo. Wittgenstein atacara a ideia de um ego cartesiano ou de um eu substancial, e Ryle e outros desenvolveram esse ataque. Um estudo da "linguagem comum" alegava (muitas vezes com razão) resolver os pequenos problemas da epistemologia que haviam sido discutidos antes em termos de atividades e faculdades de um "eu". (Ver o livro *Sentido e percepção*, de John Austin, sobre certos problemas da percepção.)

A ética tomou seu lugar nesse cenário. Depois de tentativas pueris de classificar declarações morais como exclamações ou expressões de emoção, desenvolveu-se um neokantismo sofisticado com uma atmosfera utilitarista. Mantém-se a ideia do agente como um centro privilegiado da vontade (sempre capaz de "dar um passo atrás"), mas, uma vez que o velho "eu" já não o veste, ele aparece,

A soberania do Bem

no que concerne à moralidade, como uma vontade isolada operando com os conceitos de "linguagem comum". (É interessante notar que, embora a obra de Wittgenstein tenha sugerido a outros essa posição, ele próprio nunca a utilizou.) Assim a vontade e a psique como objeto da ciência isolam-se uma da outra e do resto da filosofia. O culto à linguagem comum combina com a reivindicação de ser neutra. Filósofos morais anteriores nos disseram o que devemos fazer, isto é, tentaram responder a ambas as questões de Moore. A análise linguística alega simplesmente dar uma descrição filosófica do fenômeno humano da moralidade, sem fazer quaisquer julgamentos morais. Na verdade, o quadro resultante da conduta humana tem uma clara inclinação moral. Os méritos do homem da análise linguística são a liberdade (no sentido de desapego, racionalidade), responsabilidade, autoconsciência, sinceridade, e muito de senso comum utilitarista. Não há, é claro, nenhuma menção ao pecado, e nenhuma menção ao amor. O marxismo é ignorado, e no conjunto não há tentativa de *reconciliação* com a psicologia, embora Hampshire de fato tente desenvolver a ideia da autoconsciência em relação ao ponto final ideal concebendo "a psicanálise perfeita" que nos tornaria perfeitamente autoconscientes e, assim, perfeitamente desapegados e livres.

A análise linguística, naturalmente, propõe à ética a questão de sua relação com a metafísica. A ética pode ser uma forma de empirismo? Muitos filósofos da tradição de Oxford e Cambridge diriam que sim. É sem dúvida um grande mérito dessa tradição, e um mérito que eu não gostaria de perder de vista, o fato de atacar toda forma de unidade espúria. É a inspiração tradicional do filósofo, mas também seu vício tradicional, acreditar que tudo é um. Wittgenstein diz "Vejamos". Às vezes, os problemas acabam se mostrando bastante desconexos uns dos outros, e exigem soluções que não estão intimamente relacionadas em nenhum sistema. Talvez seja uma questão de temperamento deixar-se convencer ou não de que tudo seja um. (Meu próprio temperamento me inclina ao monismo.) Mas vamos adiar a questão de se, ao rejeitar a descontraída ética empírica da tradição britânica (um alegre amálgama de Hume, Kant e Mill), e ao rejeitar também os sistemas existencialistas mais formais, estamos querendo substituí-los por alguma coisa que teríamos que chamar de teoria metafísica. Permitam-me agora simplesmente sugerir motivos pelos quais o retrato popular e prevalecente me parece pouco realista. Ao fazer isso, ficará evidente o quanto devo a Simone Weil.

Muito da filosofia moral contemporânea parece pouco ambiciosa e otimista. O otimismo pouco ambicioso faz parte, é claro, da tradição anglo-saxônica; e também não é surpreendente que uma filosofia que analisa conceitos morais com base na linguagem comum apresente um quadro descontraído de uma conquista medíocre. Acho que a acusação também vale, embora isso contrarie algumas aparências, para o existencialismo. Um autêntico modo de existência é apresentado como alcançável pela inteligência e pela força de vontade. A atmosfera é revigorante e tende a produzir autossatisfação no leitor, que se sente um membro da elite ouvindo as palavras de outro. O desdém pela condição humana comum, junto com a convicção de uma salvação pessoal, salva o escritor do pessimismo real. Sua tristeza é superficial e oculta o entusiasmo. (Penso que isso é verdade de diferentes maneiras para Sartre e Heidegger, embora eu nunca tenha certeza de ter entendido este último.) Tais atitudes contrastam com as imagens evanescentes da teologia cristã que representam a bondade como quase inatingível, e o pecado como quase insuperável e, sem dúvida, como uma condição universal.

A psicologia moderna, no entanto, nos forneceu o que pode ser chamado de doutrina do pecado original, uma doutrina que a maioria dos filósofos nega (Sartre), ignora (Oxford e Cambridge) ou tenta tornar inócua (Hampshire). Quando falo, neste contexto, de psicologia moderna, refiro-me sobretudo à obra de Freud. Não sou "freudiana", e a verdade desta ou daquela visão particular de Freud não me interessa aqui, mas me parece evidente que Freud fez uma importante descoberta sobre a mente humana e que ele continua sendo o maior cientista do campo que abriu. Seria possível dizer que o que ele nos apresenta é um retrato realista e detalhado do homem decaído. Se levamos a sério o contorno geral desse retrato, e ao mesmo tempo desejamos fazer filosofia moral, temos que revisar de maneira muito considerável as concepções correntes de vontade e motivação. Para esses propósitos, o que me parece verdadeiro e importante na teoria freudiana é o seguinte. Freud parte de uma visão inteiramente pessimista da natureza humana. Vê a psique como um sistema egocêntrico de energia quase mecânica, em grande medida determinada por sua própria história individual, cujos vínculos naturais são sexuais, ambíguos, e difíceis para o indivíduo entender ou controlar. A introspecção revela apenas o tecido profundo da motivação ambivalente, e a fantasia é uma força mais poderosa do que a razão. Objetividade e altruísmo não são naturais aos seres humanos.

É claro que Freud está dizendo essas coisas no contexto de uma terapia científica que não pretende fazer com que as pessoas sejam boas, e sim torná-las viáveis. Se um filósofo moral disser essas coisas, terá que justificá-las não com argumentos científicos, mas com argumentos apropriados à filosofia; e, na verdade, se disser essas coisas, não estará dizendo nada muito novo, já que visões parcialmente similares foram expressas antes na filosofia, desde Platão. É importante olhar para Freud e seus sucessores porque eles podem nos dar mais informações sobre um mecanismo cuja natureza geral podemos discernir sem a ajuda da ciência; e também porque ignorar a psicologia pode ser fonte de confusões. Alguns filósofos (como Sartre) enxergam a teoria psicanalítica tradicional como uma forma de determinismo e estão preparados para negá-la em vários níveis, e filósofos que a ignoram muitas vezes o fazem como parte de uma rendição fácil à ciência de aspectos da mente que deviam lhes interessar. Mas o determinismo como uma teoria filosófica total não é o inimigo. O determinismo como teoria filosófica está muito pouco provado, e pode-se argumentar que não é possível, em princípio, traduzir proposições sobre homens tomando decisões ou formulando pontos de vista com a linguagem neutra da ciência natural. (Ver a breve discussão desse ponto feita por Hampshire no último capítulo de seu livro *The Freedom of the Individual* [A liberdade do indivíduo].) O problema é acomodar dentro da filosofia moral e sugerir métodos para lidar com o fato de que tanto da conduta humana seja movido pela energia mecânica de um tipo egocêntrico. Na vida moral, o inimigo é o ego gordo e impiedoso. A filosofia moral é propriamente, e às vezes também o foi no passado, a discussão desse ego e das técnicas para vencê-lo (caso existam). Nesse sentido, a filosofia moral compartilhou alguns propósitos com a religião. Dizer isso também é negar, é claro, que a filosofia moral deva querer ser neutra.

Como é um homem bom? Como podemos nos tornar moralmente melhores? *Podemos* nos tornar moralmente melhores? Essas são perguntas às quais o filósofo deveria tentar responder. Percebemos, refletindo, que sabemos pouco sobre homens bons. Existem homens na história tradicionalmente pensados como tendo sido bons (Cristo, Sócrates, alguns santos), mas, se tentamos contemplar esses homens, descobrimos que a informação sobre eles é escassa e vaga, e que, grandes momentos à parte, é a simplicidade e a franqueza de suas dicções o principal ponto que colore nossa concepção deles como bons. E se consideramos candidatos contemporâneos à bondade, se sabemos de algum, o mais provável é que os julguemos obscuros ou então, vendo mais de perto, cheios de fragilidades. A bondade parece ser tão rara quanto difícil de imaginar. Talvez possa ser identificada de forma mais convincente em pessoas simples – as silenciosas e altruístas mães de grandes famílias –, mas esses casos também são os menos iluminadores.

É significativo que a ideia de bondade (e de virtude) tenha sido amplamente substituída na filosofia moral ocidental pela ideia de correção, sustentada talvez por alguma concepção de sinceridade. Isso é, em certa medida, consequência do desaparecimento de um pano de fundo permanente para a atividade humana: seja ele fornecido por Deus, pela Razão, pela História ou pelo eu. O agente, fino como uma agulha, aparece no rápido lampejo da vontade que escolhe. Mas o próprio existencialismo, seja em sua variedade francesa, seja em sua variedade anglo-saxônica, tem tornado evidentes, com certa honestidade, os paradoxos de suas próprias presunções. Sartre nos diz que, quando deliberamos, os dados já estão lançados, e a filosofia de Oxford não desenvolveu nenhuma teoria séria para a motivação. A liberdade do agente, sua qualidade moral, reside em suas escolhas, e no entanto ninguém nos diz o que o prepara para as escolhas. Sartre pode admitir, com bravatas, que escolhemos a partir de algum tipo de condição preexistente, que ele também chama confusamente de escolha, e Richard Hare sustenta que a identificação de dados mentais, tais como "intenções", é filosoficamente difícil e que seria preferível dizer que um homem é moralmente o conjunto de suas escolhas reais. Que motivos visíveis não redundem em atos é algo que Sartre toma como deixa para afirmar a liberdade irresponsável como um postulado obscuro; que as motivações não impliquem facilmente a "introspecção" é algo que muitos filósofos britânicos tomam como pretexto para esquecê-las e em vez disso falar em "razões". Essas visões parecem ambas infrutíferas para o peregrino moral e também profundamente irrealistas. A escolha moral é muitas vezes uma questão misteriosa. Kant pensava assim, e descreveu o mistério nos termos de um equilíbrio indiscernível entre um agente racional puro e um mecanismo impessoal, nenhum dos quais representaria o que normalmente pensamos como personalidade; muito da filosofia existencialista é, nesse sentido, embora não abertamente, kantiana. Mas o mistério da escolha não deveria ser concebido de alguma outra maneira?

Aprendemos com Freud a conceber "o mecanismo" como algo altamente individual e pessoal, algo que é ao mesmo tempo muito poderoso e pouco compreendido por seu proprietário. O eu da psicanálise é com certeza bastante substancial. O retrato existencialista da escolha, seja ela surrealista ou racional, parece pouco realista, otimista demais, romântico, porque ignora o que parece ser ao menos um tipo de fundo contínuo com vida própria; e é certamente no tecido dessa vida que os segredos do bem e do mal se encontram. Aqui nem as inspiradoras ideias da liberdade, da sinceridade e dos decretos da vontade nem o simples e saudável conceito de um discernimento racional do dever parecem complexos o bastante para fazer justiça ao que realmente somos. O que realmente somos parece muito mais um sistema obscuro de energia do qual emergem de vez em quando escolhas e atos visíveis de formas que costumam ser pouco claras, e que amiúde dependem da condição do sistema entre os momentos de escolha.

Se é assim, um dos principais problemas da filosofia moral pode ser formulado da seguinte maneira: será que existem técnicas para a purificação e reorientação de uma energia que é naturalmente egoísta, de tal forma que, quando chegam os momentos de escolha, nós tenhamos certeza de que agiremos com correção? Também devemos perguntar se, havendo tais técnicas, elas deveriam ser simplesmente descritas, em termos quase psicológicos, talvez em termos psicológicos, ou se é melhor falar sobre elas de uma maneira mais sistemática e filosófica. Antes sugeri que uma visão pessimista, que alega que a bondade é a contraposição quase impossível a um poderoso mecanismo egocêntrico, já existe na filosofia tradicional e na teologia. Pretendo discutir mais tarde a técnica que Platão pensou apropriada a essa situação. Mais próximas e mais familiares a nós são as técnicas da religião, entre as quais a mais amplamente praticada é a prece. O que resta dessa técnica em um mundo sem Deus, e será que ela pode ser transformada para suprir ao menos parte da resposta à nossa questão central?

A prece não é propriamente um pedido, mas apenas uma atenção a Deus que é uma forma de amor. Com ela se harmoniza a ideia de graça, de uma assistência sobrenatural ao empenho humano que supera as limitações empíricas da personalidade. Como é essa atenção, e será que os descrentes na religião ainda concebem algum proveito nessa atividade? Insistamos nessa matéria considerando como era o objeto tradicional dessa atenção e por quais meios ela afetava seus adoradores. Devo sugerir que Deus era (ou é) um *objeto de atenção único, perfeito, transcendente, irrepresentável e necessariamente real*; e sugiro que a filosofia moral deveria tentar reter um conceito central que tenha todas essas características. Tentarei considerá-las uma a uma, embora em grande medida elas se interpenetrem e se sobreponham.

Tomemos primeiro a noção de um objeto de atenção. O crente religioso, em especial se seu Deus é concebido como uma pessoa, está na posição afortunada de ser capaz de focar seu pensamento em algo que é uma fonte de energia. Essa focalização, com tais resultados, é natural para os seres humanos. Consideremos alguém que está apaixonado. Consideremos também a tentativa de verificação de que se está apaixonado, e a necessidade nesse caso de outro objeto ao qual atentar. Onde há fortes emoções de amor sexual, ou ódio, ressentimento, ciúme, em geral a "vontade pura" tem pouco resultado. É de pouca utilidade dizer a si mesmo: "Pare de amar, pare de sentir ressentimento, seja justo." O que se requer é uma reorientação que providencie uma energia de tipo diferente, de uma fonte diferente. Notemos as metáforas da orientação e do olhar. A "vontade" existencialista neokantiana é um princípio de puro movimento. Mas isso descreve muito mal como é, para nós, mudar. Deixar deliberadamente de estar apaixonado não é um salto da vontade, é a aquisição de novos objetos de atenção e, assim, de novas energias como resultado desse novo enfoque. A metáfora da orientação também pode cobrir momentos em que se realizam "esforços da vontade" reconhecíveis, mas esforços explícitos da vontade são apenas uma parte da situação. Que Deus, quando se atenta a ele, é uma fonte poderosa de energia (muitas vezes positiva) é um fato psicológico. É também um fato psicológico, e de importância na filosofia moral, que possamos todos receber ajuda moral ao focarmos nossa atenção em coisas valiosas: pessoas virtuosas, grande arte, talvez (discutirei mais tarde) a ideia de bondade em si. Os seres humanos estão naturalmente "vinculados" e, quando um vínculo parece doloroso ou ruim, é prontamente substituído por outro vínculo, que um esforço de atenção pode encorajar. Não há nada de estranho ou místico nisso, e tampouco no fato de nossa capacidade de agir bem "quando chega a hora" depender em parte, talvez muito, da qualidade de nossos objetos de atenção habituais. "Tudo o que for verdadeiro, tudo o que for nobre, tudo o que for correto, tudo o que for puro, tudo o que for amável, tudo o que for de boa fama, se houver algo de excelente ou digno de louvor, pensem nessas coisas."

A noção de que o valor deveria ser, em algum sentido, *unitário*, ou mesmo de que deveria existir um conceito único e supremo de valor, pode não parecer, se nos rendemos à ideia de Deus, nem um pouco óbvia. Por que não haveria muitos tipos diferentes de valores morais independentes? Por que todos seriam um aqui? Os hospícios do mundo estão cheios de pessoas convictas de que tudo é um. Pode-se dizer que "tudo é um" é uma falsidade perigosa em qualquer nível, exceto no mais elevado; e pode esse outro nível ser discernido, afinal? É bastante evidente que uma crença na unidade do mundo moral, e também na ordem hierárquica, tem sua importância psicológica. A noção de que "tudo de alguma forma tem que fazer sentido", ou de que "existe uma decisão melhor aqui", protege do desespero: a dificuldade está em como aceitar essa noção confortante de um modo que não seja falso. No instante em que qualquer ideia se torna consolo, a tendência a falsificá-la ganha força: por isso o problema tradicional de impedir a degeneração da ideia de Deus na mente do crente. É verdade que o intelecto procura naturalmente a unidade; e nas ciências, por exemplo, a presunção da unidade recompensa consistentemente quem a procura. Mas como essa ideia perigosa pode ser utilizada na moral? É inútil pedir à "linguagem comum" um julgamento, uma vez que estamos lidando com conceitos que não estão à mostra na linguagem comum ou ligados sem ambiguidade às palavras comuns. A linguagem comum não é um filósofo.

Podemos, contudo, partir de uma situação da linguagem comum para refletir sobre as virtudes. Os conceitos das virtudes, e as palavras familiares que os nomeiam, são importantes porque ajudam a tornar certas áreas potencialmente nebulosas da experiência mais abertas ao exame. Se refletimos sobre a natureza das virtudes, somos constantemente levados a considerar a relação entre elas. A ideia de uma "ordem" de virtudes se insinua, embora seja difícil, obviamente, afirmá-la de qualquer forma sistemática. Por exemplo, se refletimos sobre a coragem e nos perguntamos por que pensamos que seja uma virtude, que tipo de coragem é a mais elevada, o que distingue a coragem da precipitação, da ferocidade, da autoafirmação e daí em diante, tendemos a usar em nossa explicação os nomes de outras virtudes. O melhor tipo de coragem (aquela que faria um homem agir com altruísmo em um campo de concentração) é leal, calmo, equilibrado, inteligente, amoroso... Essa pode não ser exatamente a descrição certa, mas é o tipo certo de descrição. Se há um único princípio supremo no mundo unificado das virtudes, e se o nome desse princípio é amor, é algo que discutirei mais tarde. Tudo o que estou sugerindo aqui é que a reflexão tende prontamente a unificar o mundo moral, e que uma crescente sofisticação moral revela uma unidade crescente. Como é ser justo? Chegamos a entender isso quando compreendemos a relação entre a justiça e as outras virtudes. Essa reflexão exige e gera um vocabulário rico e diversificado para nomear aspectos da bondade. É uma deficiência de boa parte da filosofia moral contemporânea que ela se abstenha de discutir as virtudes separadas, preferindo proceder diretamente a algum conceito soberano como sinceridade, ou autenticidade, ou liberdade, impondo assim, creio eu, uma ideia de unidade vazia e pouco examinada, e empobrecendo nossa linguagem moral em uma área importante.

Falamos de um "objeto de atenção" e de um senso inevitável de "unidade". Passemos agora a considerar, em terceiro lugar, a ideia muito mais difícil de "transcendência". Tudo o que se falou até aqui pôde ser dito sem qualquer apelo à metafísica. Mas agora alguém poderia perguntar: você está falando de uma autoridade transcendente ou de um artifício psicológico? Parece-me que a ideia do transcendente, de uma forma ou de outra, pertence à moralidade: mas não é fácil de interpretar. Como em tantas dessas abrangentes e enganosas ideias, ela assume prontamente formas falsas. Existe uma falsa transcendência, assim como existe uma falsa unidade, gerada pelo empirismo moderno: uma transcendência que é na prática simplesmente uma exclusão, um rebaixamento da moral a uma existência nebulosa nos termos de uma linguagem emotiva, imperativos, padrões de comportamento, atitudes. O "valor" não pertence ao mundo das funções da verdade, ao mundo da ciência e das proposições factuais. Deve viver, portanto, em outro lugar. Está então vinculado de alguma maneira à vontade humana, uma sombra presa a uma sombra. O resultado é o tipo de triste solipsismo moral fornecido por tantos assim chamados livros de ética. Um instrumento para criticar a falsa transcendência, em muitas de suas formas, foi dado por Marx no conceito de alienação. Existirá, no entanto, alguma transcendência verdadeira, ou essa ideia é sempre um sonho confortante projetado sobre o céu vazio pela necessidade humana?

É difícil ser exato aqui. Pode-se partir da afirmação de que a moralidade, a bondade, é uma forma de realismo. A ideia de um homem realmente bom vivendo em um mundo particular de sonhos parece inaceitável. É claro que um homem bom pode ser infinitamente excêntrico, mas ele precisa saber certas coisas sobre seus arredores, mais obviamente a existência de outras pessoas e suas reivindicações. O principal inimigo da excelência na moralidade (e também na arte) é a fantasia pessoal: o tecido de desejos e sonhos autoenaltecedores e confortantes que nos impedem de ver o que há fora de nós. Rilke disse sobre Cézanne que ele não pintava o "gostei", ele pintava o "aí está". Isso não é fácil e exige disciplina, na arte ou na moral. Podemos dizer aqui que a arte é uma excelente analogia da moral, ou até que nesse aspecto é um caso de moral. Deixamos de ser para atentar à existência de outra coisa, um objeto natural, uma pessoa necessitada. Podemos ver na arte medíocre, onde talvez isso seja ainda mais evidente que na conduta medíocre, a intrusão da fantasia, a afirmação de si, o obscurecer de qualquer reflexo do mundo real.

Pode-se concordar que a direção da atenção deveria ser para o exterior, para longe de si, mas alguém há de ressalvar que há um longo passo entre a ideia de realismo e a ideia de transcendência. Penso, contudo, que as duas ideias estão relacionadas, e é possível ver essa relação em particular no caso de nossa apreensão da beleza. A ligação aqui é o conceito de indestrutibilidade ou incorruptibilidade. O que é realmente belo é "inacessível", não podendo ser possuído ou destruído. A estátua se rompe, a flor murcha, a experiência cessa, mas algo não sofreu a decadência e a mortalidade. Quase tudo o que nos consola é uma falsificação, e não é fácil impedir que essa ideia se degenere em um vago misticismo ao estilo de Shelley. No caso da ideia de um Deus pessoal transcendente, a degeneração da ideia parece pouco evitável: neste mesmo momento, teólogos estão ocupados em suas escrivaninhas tentando desfazer os resultados dessa degeneração. No caso da beleza, seja na arte ou na natureza, a sensação de separação em relação ao processo temporal talvez esteja ligada a conceitos de perfeição da forma e da "autoridade" que não são fáceis de transferir ao campo da moral. Aqui não tenho certeza se isso é uma analogia ou um exemplo. É como se pudéssemos ver a beleza em si de uma forma que não acontece com a bondade em si. (Platão diz isso no *Fedro*, 250e.) Posso *experimentar* a transcendência do belo, mas (creio eu) não a transcendência do bem. Os atos bons não podem conter o bem exatamente da mesma forma que as coisas belas contêm a beleza, porque a beleza é em parte uma matéria dos sentidos. Assim, se falamos do bem como transcendente, estamos falando de

A soberania do Bem

algo bastante mais complicado e que não pode ser experimentado, mesmo quando observamos o homem altruísta no campo de concentração. Poderíamos nos sentir tentados a usar a palavra "fé" aqui, se ela pudesse ser purgada de suas associações religiosas. "O que é realmente bom é incorruptível e indestrutível." "A bondade não está neste mundo." Essas parecem declarações altamente metafísicas. Podemos dotá-las de algum significado claro ou elas são apenas coisas que "nos sentimos inclinados a dizer"?

Penso que a ideia de transcendência conecta aqui duas ideias separadas, das quais tratarei melhor mais à frente: *perfeição* e *certeza*. Não estamos certos de que há uma "verdadeira direção" para uma conduta melhor, de que a bondade "realmente importa"? E essa certeza sobre um padrão não sugere uma ideia de permanência que não pode ser reduzida a um conjunto de termos psicológicos ou empíricos de qualquer outro tipo? É verdade, e isso está ligado a considerações já adiantadas quando falávamos de "atenção", que existe um poder psicológico derivado da mera ideia de um objeto transcendente e, seria possível dizer ainda, de um objeto transcendente que é em alguma medida misterioso. Mas uma análise redutora em termos freudianos ou marxistas, por exemplo, parece se aplicar propriamente aqui apenas a uma forma degenerada de uma concepção da qual continuamos certos de que deve existir uma forma mais elevada e invulnerável. É preciso reconhecer que a ideia continua sendo difícil. Como podemos conectar o realismo que deve envolver uma contemplação de olhos abertos da miséria e do mal do mundo com um senso de bondade incorruptível, sem que esta última ideia se torne um mero sonho consolador? (Acho que isso define um problema central da filosofia moral.) E, também, o que será para alguém, que não seja religioso ou místico de algum tipo, apreender alguma "forma" separada de bondade por trás dos casos multiformes de bom comportamento? Essa ideia não deveria ser reduzida à noção muito mais inteligível da inter-relação das virtudes, somada a uma sensação puramente subjetiva da certeza dos julgamentos?

Neste ponto, a esperança de responder a essas questões pode nos levar a considerar os próximos "atributos", intimamente relacionados: *perfeição* (o bem absoluto) e *existência necessária*. Esses atributos estão ligados de forma tão íntima que, por alguns pontos de vista, chegam a ser o mesmo (prova ontológica). Pode parecer curioso questionar se a ideia de perfeição (em oposição à ideia de mérito ou de aperfeiçoamento) é realmente importante, e que tipo de papel ela pode desempenhar. Será importante medir e comparar coisas e saber exatamente quão boas elas são? Em qualquer campo cujos interesses ou preocupações nos concernem, acho que diríamos que sim. Um entendimento profundo de qualquer campo da atividade humana (a pintura, por exemplo) envolve uma revelação crescente de graus de excelência e muitas vezes a revelação de que na verdade existe pouca coisa muito boa e nada que seja perfeito. Aumentar o entendimento de uma conduta humana opera de maneira semelhante. Chegamos a perceber escalas, distâncias, padrões, e podemos passar a ver como imperfeito algo que antes estávamos preparados para "deixar passar". (Essa necessidade não atrapalha, é claro, a virtude da tolerância:

a tolerância pode ter, na verdade deve ter, clareza de visão.) A ideia de perfeição funciona assim dentro de um campo de estudo, produzindo um senso crescente de direção. Dizer isso talvez não seja dizer nada de muito impressionante; e um reducionista poderia argumentar que uma capacidade cada vez mais refinada de comparar não implica necessariamente nada além dela própria. A ideia de perfeição poderia ser, então, vazia.

Consideremos o caso da conduta. O que restaria do comando "sede vós, pois, perfeitos"? Não seria mais sensato dizer "sede, pois, ligeiramente melhores"? Alguns psicólogos nos alertam de que, se nossos padrões são muito elevados, podemos nos tornar neuróticos. Parece-me que a ideia de amor cresce necessariamente nesse contexto. A ideia de perfeição nos move, e talvez nos mude (como artistas, trabalhadores, agentes), porque inspira amor na parte mais valiosa em nós. Não podemos sentir um amor límpido por um padrão moral medíocre, assim como não podemos senti-lo por um artista medíocre. A ideia de perfeição também é um produtor natural de ordem. Sob sua *luz* chegamos a ver que A, que na superfície se parece com B, na verdade é melhor do que B. E isso pode acontecer, deve acontecer, sem que tenhamos uma ideia soberana "registrada" em nenhum sentido. Na verdade, faz parte de sua natureza que não possamos registrá-la. Esse é o real sentido da "indefinibilidade" do bem, que recebeu um sentido vulgar por parte de Moore e seus seguidores. O bem está sempre além, e é desse além que ele exercita sua *autoridade*. Aqui de novo a palavra parece naturalmente em seu lugar, e é no trabalho dos artistas que vemos essa operação com mais clareza. O verdadeiro artista obedece a uma concepção de perfeição com a qual sua obra se relaciona constantemente, e volta a se relacionar de uma maneira aparentemente externa. Alguém pode, é claro, tentar "encarnar" a ideia de perfeição dizendo para si mesmo "quero escrever como Shakespeare" ou "quero pintar como Piero". Mas é claro que esse alguém sabe que Shakespeare e Piero, embora sejam quase deuses, não são deuses, e que, para além dos detalhes de arte e crítica, existe apenas uma ideia magnética e irrepresentável do bem que permanece tão "vazia" quanto misteriosa. E isso vale também para a esfera da conduta humana.

Alguém talvez pergunte: essas não serão apenas generalizações empíricas sobre a psicologia do esforço e do aperfeiçoamento, ou que *status* você gostaria que elas tivessem? É apenas uma questão de "isso dá certo" ou de "é como se fosse assim"? Consideremos qual seria a resposta se o objeto de nossa discussão não fosse o Bem, e sim Deus. Deus existe *necessariamente*. Tudo o mais que existe, existe por contingência. O que isso pode significar? Estou presumindo que não há "prova" plausível da existência de Deus, exceto algum tipo de prova ontológica, uma "prova" que casualmente deve agora assumir uma importância crescente na teologia como resultado da recente "desmitologização". Se analisada com cautela, no entanto, a prova ontológica parece não ser exatamente uma prova, mas uma evidente afirmação de fé (com frequência se admite ser apropriada apenas para os já convencidos), que só podia ser feita com confiança baseada em certa quantidade de experiência. Essa afirmação pode ser feita de várias maneiras. O desejo por Deus decerto receberá uma resposta. Minha concepção de Deus contém a certeza de sua própria realidade. Deus é um objeto de amor que exclui de maneira única a dúvida e o relativismo. É claro que essas declarações obscuras não seriam muito bem recebidas por filósofos analíticos, que dividiriam seu conteúdo entre o fato psicológico e o absurdo metafísico, e que poderiam comentar que daria no mesmo aceitar como argumento filosófico a afirmação de Handel: "Eu *sei* que meu Redentor vive." Prefiro deixar de lado a questão de se estão certos sobre "Deus"; mas e quanto ao destino do "Bem"? As dificuldades parecem similares. Que *status* podemos dar à ideia de certeza que parece se atrelar à ideia de bem? Ou à noção de que temos que receber um retorno quando desejamos sinceramente o bem? (O conceito de graça pode ser prontamente secularizado.) O que se formula aqui parece diferente de um "como se" ou de um "dá certo". É claro que devemos evitar, como no caso de Deus, qualquer conotação material pesada da enganadora palavra "existir". Da mesma maneira, contudo, uma convicção puramente subjetiva de certeza, que poderia receber uma pronta explicação psicológica, parece insuficiente. Será que o problema pode mesmo ser subdividido sem resíduo por um cuidadoso analista linguístico em partes que ele consideraria inócuas?

Um pouco de luz pode ajudar a enxergar a matéria se retornarmos agora, depois da discussão interveniente, à ideia de *"realismo"* usada antes em um sentido normativo: presumiu-se que era melhor saber o que era real do que viver em um estado de fantasia ou ilusão. É verdade que os seres humanos não suportam muita realidade; e uma consideração de como é o esforço de encarar a realidade, e quais são as técnicas para isso, pode servir tanto para iluminar a necessidade ou a certeza que parece estar vinculada ao "Bem" quanto para conduzir a uma reinterpretação da "vontade" e da "liberdade" em relação ao conceito de amor. Aqui, mais uma vez, me parece que a arte é a chave. A arte apresenta os exemplos mais compreensíveis da quase irresistível tendência humana de procurar consolo na fantasia, e também do esforço de resistir a isso e à visão da realidade que vem com o sucesso. O sucesso, na verdade, é raro. Quase toda arte é uma forma de consolo pela fantasia, e poucos artistas adquirem a visão do real. O talento do artista pode ser prontamente, e é naturalmente, empregado para produzir um retrato cujo propósito é o consolo e o engrandecimento de seu autor e a projeção de suas obsessões e desejos pessoais. Silenciar e expelir o eu, contemplar e delinear a natureza com visão lúcida, não é fácil e exige uma disciplina moral. Um grande artista é, em relação à sua obra, um homem bom, e, no verdadeiro sentido, um homem livre. O consumidor de arte tem uma tarefa análoga à do produtor: ser disciplinado o bastante para ver tanta realidade na obra quanto o artista conseguiu colocar ali, e não "usá-la como mágica". A apreciação da beleza na arte ou na natureza não é apenas (apesar de todas as suas dificuldades) o mais fácil entre os exercícios espirituais disponíveis; é também uma entrada inteiramente adequada à (e não apenas analogia da) vida boa, uma vez que *é* a subjugação do egoísmo pelo interesse de ver o real. É claro que grandes artistas são "personalidades" e têm estilos especiais; até Shakespeare, de vez em quando, mas muito de vez em quando, revela uma obsessão pessoal. Mas a maior arte é "impessoal" porque nos mostra o mundo, nosso mundo e não outro, com uma clareza que nos assombra e nos deleita simplesmente porque não estamos nem um pouco acostumados a olhar o mundo real. É claro, também, que artistas são criadores de padrões. As reivindicações da forma e a questão de "quanta forma" trazer à tona constituem problemas centrais da arte. Mas é quando a forma é usada para isolar, para explorar, para expor algo que é verdadeiro, que nos sentimos mais comovidos e esclarecidos. Platão diz (*República*, VII, 532) que as *technai* (τέχναι) têm o poder de conduzir a melhor parte da alma à visão do que é mais excelente na realidade. Isso descreve bem o papel da grande arte como educadora e reveladora. Tomemos em conta o que aprendemos ao contemplar os personagens de Shakespeare ou Tolstói, ou os quadros de Velásquez ou Ticiano. O que se aprende aqui é algo sobre a qualidade real da natureza humana, quando encarada, na visão justa e compassiva do artista, com uma clareza que não combina com a precipitação autocentrada da vida comum.

É importante também que a grande arte nos ensine como as coisas reais podem ser olhadas e amadas sem serem agarradas e usadas, sem serem apropriadas pelo voraz organismo do eu. Esse exercício de *distanciamento* [*detachment*] é difícil e valioso quer a coisa contemplada seja um ser humano, quer seja a raiz de uma árvore ou a vibração de uma cor ou de um som. A contemplação não sentimental da natureza exibe a mesma qualidade de desapego:

egoísmo tem a ver com vaidade, nada existe exceto as coisas vistas. A beleza é o que atrai esse tipo particular de atenção altruísta. Fica óbvio aqui qual é o papel, para o artista ou para o espectador, da exatidão e da boa visão: uma atenção não sentimental, desapegada, objetiva. Também fica claro que situações morais pedem uma exatidão similar. Eu sugeriria que a autoridade do Bem nos parece algo necessário porque o realismo (a capacidade de perceber a realidade) requerido para a bondade é um tipo de capacidade intelectual de perceber o que é verdadeiro, o que é ao mesmo tempo, de forma automática, a supressão do eu. *A necessidade do bem é, então, um aspecto do tipo de necessidade envolvido em qualquer técnica de exposição de um fato.* Ao tratar o realismo, seja do artista ou do agente, como uma conquista moral, há ainda mais uma suposição a ser feita no campo da moralidade: de que a verdadeira visão ocasiona a conduta certa. Isso poderia ser expresso simplesmente como uma tautologia esclarecedora, mas acho que pode ser de fato sustentado em apelos à experiência. Quanto mais se percebe a separação e a diferença das outras pessoas, e o fato constatado de que outro homem tem necessidades e desejos tão exigentes quanto os nossos, mais difícil se torna tratar uma pessoa como uma coisa. Que é o realismo o que engrandece a grande arte continua sendo também um tipo de prova.

Se, ainda seguindo a pista da arte, levantarmos mais questões sobre a faculdade que supostamente nos conectaria com o que é real e assim nos levaria ao que é bom, a ideia da compaixão ou do amor será naturalmente sugerida. Não se trata apenas de que a supressão do eu seja requerida para que se obtenha uma visão acurada. O grande artista vê seus objetos (e isso é verdadeiro mesmo que eles sejam tristes, absurdos, repulsivos e até malévolos) à luz da justiça e da misericórdia. A direção da atenção é, ao contrário da natureza, para fora, para longe do eu que reduz tudo a uma falsa unidade, no sentido da enorme e surpreendente variedade do mundo, e a habilidade para assim dirigir a atenção é o amor.

Podemos neste ponto parar e considerar o quadro da personalidade humana, da alma, que vem emergindo. É na capacidade do amor, isto é, de *ver*, que consiste a liberação da alma em relação à fantasia. A liberdade que é um objetivo humano adequado é a liberdade em relação à fantasia, isto é, o realismo da compaixão. O que eu chamei de fantasia, a proliferação de imagens e alvos autocentrados e ofuscantes, é em si um sistema poderoso de energia, e a maior parte do que se costuma chamar de "vontade" pertence a esse sistema. O que age contra o sistema é a atenção à realidade inspirada pelo amor – e consistindo no amor. No caso da arte e da natureza, essa atenção é recompensada de imediato pela apreciação da beleza. No caso da moralidade, embora às vezes haja recompensas, a ideia de uma recompensa está fora de lugar. A liberdade não é estritamente o exercício da vontade, mas sim a experiência de visão acurada que, quando se faz apropriado, ocasiona a ação. O importante é o que está por trás e entre as ações e o que as desperta, e essa é a área que deve ser purificada. Quando chega o momento da escolha, é provável que a qualidade da atenção já tenha determinado a natureza do ato. Esse fato produz aquela curiosa separação entre os motivos conscientemente ensaiados e a ação que por vezes é tomada, erroneamente, como uma experiência de liberdade. (*Angst*.) É claro que isso não significa dizer que bons "esforços da vontade" são sempre inúteis ou falsos. A "vontade" explícita e imediata pode desempenhar algum papel, em especial como fator de inibição. (O *daimon* de Sócrates só lhe dizia o que não fazer.)

Nesse quadro, a sinceridade e o autoconhecimento, esses traços popularmente valorizados, parecem menos importantes. O que liberta é um apego ao que está fora do mecanismo de fantasia, e não um exame do mecanismo em si. O exame cuidadoso do mecanismo apenas fortalece seu poder. O "autoconhecimento", no sentido de uma compreensão minuciosa do maquinário próprio de cada um, exceto quando em um nível bastante simples, me parece quase sempre uma ilusão. É claro que a percepção desse autoconhecimento pode ser induzido em análise por razões terapêuticas, mas a "cura" não prova que o suposto conhecimento seja genuíno. O eu é tão difícil de ver quanto outras coisas, e, quando se alcança uma visão clara, o eu passa a ser na mesma medida um objeto menor e menos interessante. Um dos principais inimigos de tal clareza de visão, seja na arte ou na moral, é o sistema que recebeu o nome técnico de sadomasoquismo. É uma sutileza peculiar desse sistema o fato de, ao mesmo tempo que devolve constantemente atenção e energia ao eu, ele poder produzir, durante quase todo o caminho até o que seria o ápice, imitações plausíveis do que é bom. O sadomasoquismo refinado pode arruinar arte boa demais para ser arruinada pelas vulgaridades cruas da autoindulgência. O eu de cada um é interessante, assim como são interessantes suas motivações, e a falta de valor dessas motivações também é interessante. Fascinante, da mesma maneira, é a suposta relação entre mestre e escravo, do bom eu com o mau eu que, estranhamente, termina nesses curiosos acordos. (A batalha de Kafka com o diabo que termina na cama.) O mau eu está preparado para sofrer, mas não para obedecer até que os dois eus sejam amigos e a obediência se torne razoavelmente fácil, ou ao menos divertida. Na verdade, o bom eu é muito pequeno, e a maior parte do que parece bom não é. O realmente bom não é um tirano amigável ao mau, e sim seu inimigo mortal. Mesmo o sofrimento em si pode ter um papel demoníaco aqui, e as ideias de culpa e punição podem ser a ferramenta mais sutil do eu engenhoso. A ideia do sofrimento confunde a mente e, em certos contextos (o contexto de um "autoexame sincero", por exemplo), pode se disfarçar de purificação. Raramente é assim, pois, a não ser que seja muito intenso, é apenas interessante demais. Platão não diz que a filosofia é o estudo do sofrimento, e sim que é o estudo da morte (*Fédon*, 64a), e essas ideias são totalmente dessemelhantes. Que o aperfeiçoamento moral envolve sofrimento costuma ser verdade; mas o sofrimento é o subproduto de uma nova orientação e não, em sentido algum, um fim em si.

Falei do real que é o objeto próprio do amor, e do conhecimento que é liberdade. A palavra "bem", que tem circulado na discussão, precisa agora ser considerada de forma mais explícita. O bem pode servir em algum sentido como "objeto de atenção"? E como esse problema se relaciona com o "amor pelo real"? Haveria aqui algo como um substituto para a prece, a mais profunda e efetiva das técnicas religiosas? Se a energia e a violência da vontade, exercidas em ocasiões de escolha, parecem menos importantes que a qualidade da atenção que determina nossos vínculos reais, como alteramos e purificamos essa atenção e a tornamos mais realista? Será a *via negativa* da vontade, sua capacidade ocasional de deter um movimento ruim, o único e mais considerável poder consciente que podemos exercer? Penso que existe algo análogo à prece, embora seja difícil de descrever, e algo que as mais elevadas sutilezas do eu muitas vezes conseguem falsear; não estou pensando aqui em qualquer técnica meditativa pseudorreligiosa, mas em algo que pertence à vida moral da pessoa comum. A ideia de contemplação é difícil de entender e manter em um mundo cada vez mais desprovido de sacramentos e rituais, e no qual a filosofia tem (em muitos aspectos corretamente) destruído a velha concepção substancial do eu. Um sacramento oferece um lugar externo e visível para um ato interno e invisível do espírito. Talvez seja necessária também uma analogia do conceito de sacramento, embora isso deva ser tratado com grande cautela. A ética behaviorista nega a importância, pois questiona a identidade de qualquer coisa anterior ou separada da ação que ocorra decisivamente "dentro da mente". A apreensão da beleza, na arte ou na natureza, muitas vezes parece de fato uma experiência espiritual localizada no tempo que é fonte de energia positiva. Não é fácil, contudo, estender a ideia dessa influente experiência a ocasiões de pensamento sobre pessoas ou ações, uma vez que a clareza de pensamento e a pureza da atenção se tornam mais difíceis e mais ambíguas quando o objeto de atenção é algo moral.

A soberania do Bem

É aqui que me parece importante reter a ideia de Bem como ponto central da reflexão, e aqui também podemos ver a significância de seu caráter indefinível e irrepresentável. *O Bem, não a vontade, é transcendente.* A vontade é a energia natural da psique às vezes empregável para um propósito valioso. O Bem é o foco da atenção quando a tentativa de ser virtuoso coexiste (e talvez quase sempre coexista) com alguma falta de clareza de visão. Aqui, como eu disse antes, a beleza aparece como o aspecto visível e acessível do Bem. O Bem em si não é visível. Platão imaginou o homem bom como alguém finalmente capaz de ver o Sol. Nunca tive certeza do que entender com essa parte do mito. Embora pareça apropriado representar o Bem como centro ou foco de atenção, ainda assim não é possível que ele seja pensado como algo "visível", já que não pode ser experimentado, ou representado, ou definido. Podemos decerto saber mais ou menos onde está o Sol; não é fácil imaginar como seria olhar para ele. Talvez, de fato, apenas o homem bom saiba como é; ou talvez olhar para o Sol seja ser gloriosamente ofuscado e não ver nada. O que parece fazer perfeito sentido no mito platônico é a ideia do Bem como a fonte de luz que nos revela todas as coisas como elas realmente são. Toda visão justa, mesmo nos problemas mais estritos do intelecto, e mais ainda quando o sofrimento e a perversidade têm que ser percebidos, é uma questão moral. As mesmas virtudes, no fim das contas a mesma virtude (o amor), são requeridas por toda parte, e a fantasia (o eu) pode nos impedir de ver uma folha de grama tanto quanto pode nos impedir de ver outra pessoa. Uma consciência crescente dos "bens" e o esforço (em geral apenas parcialmente bem-sucedida) de atentar a eles com pureza, sem o eu, aporta consigo uma consciência crescente da unidade e da interdependência do mundo moral. A inteligência em busca do uno é a imagem da "fé". Pensemos em como é aprimorar nossa compreensão de uma grande obra de arte.

Acho que é mais do que mera retórica dizer que o alvo deve ser a bondade, e não a liberdade ou a ação correta, embora a ação correta, e a liberdade no sentido de humildade, sejam produtos naturais da atenção ao Bem. É claro que a ação correta é importante em si, uma importância que não é difícil de entender. Mas ela deveria ser o ponto de partida da reflexão, e não sua conclusão. A ação correta, assim como a constante extensão da área da estrita obrigação, é um critério próprio de virtude. A ação também tende a confirmar, para o bem ou para o mal, o fundo de conexões do qual ela desponta. A ação é uma ocasião para a graça, ou para seu contrário. Entretanto, o objetivo da moralidade não pode ser simplesmente a ação. Sem alguma concepção mais positiva da alma como um mecanismo de conexões substancial e continuamente em desenvolvimento, cuja purificação e reorientação devem ser tarefa da moral, a "liberdade" se corrompe prontamente em autoafirmação e "ação correta", em algum tipo de utilitarismo *ad hoc*. Se um empirismo cientificista não engolir por completo o estudo da ética, os filósofos devem tentar inventar uma terminologia que mostre como nossa psicologia natural pode ser alterada por concepções que estão além de seu alcance. Parece-me que a metáfora de Platão da ideia do Bem oferece um retrato adequado aqui. Esse retrato deve ser conciliado, é claro, com uma concepção realista da psicologia natural (sobre a qual quase todos os filósofos me parecem ter sido otimistas demais) e também uma aceitação da absoluta falta de finalidade da vida humana. O Bem não tem nada a ver com propósito; na verdade, ele exclui a ideia de propósito. "Tudo é vaidade" é o início e o fim da ética. O único modo genuíno de ser bom é ser bom "para nada" no meio de um cenário em que cada coisa "natural", incluindo nossa própria mente, está sujeita à mudança, isto é, à necessidade. Esse "para nada" é na verdade o correlato experienciado da invisibilidade ou do vazio irrepresentável da ideia de Bem em si.

Sugeri que a filosofia moral precisa de uma nova terminologia – em minha visão, mais realista, menos romântica – se quiser resgatar o pensamento sobre o destino humano de um empirismo cientificista que não está equipado para lidar com os problemas reais. A filosofia linguística já começou a dar as mãos a esse empirismo, e a maior parte do pensamento existencialista me parece ou de um romantismo otimista, ou então algo definitivamente luciferiano. (Talvez Heidegger seja Lúcifer em pessoa.) Porém, neste ponto alguém poderia dizer: "Certo, tudo isso está muito bem, o único problema é que nada é verdadeiro. Talvez de fato tudo seja vaidade, *tudo* seja vaidade, e não exista um jeito intelectual respeitável de proteger as pessoas do desespero. O mundo é apenas desesperadamente ruim e não deveria você, que fala de realismo, ir até o fim na tentativa de ser realista sobre isso? Falar do Bem dessa maneira portentosa é apenas falar do velho conceito de Deus com um sutil disfarce. Mas ao menos 'Deus' podia ter um papel real de consolo e encorajamento. Faz sentido falar em amar

Deus, uma pessoa, mas muito pouco sentido falar em amar o Bem, um conceito. É improvável que o 'Bem', mesmo como ficção, chegue a inspirar, e é improvável que chegue a ser compreensível para mais do que um pequeno número de pessoas de mente mística que, relutantes de se render a 'Deus', falseiam um 'Bem' à sua imagem para preservar algum tipo de esperança. O quadro aqui não é apenas puramente imaginário, mas também dificilmente eficaz. É muito melhor confiar no simples utilitarismo popular e nas ideias existencialistas, junto com alguma psicologia empírica e talvez algum marxismo adulterado, para manter a raça humana em funcionamento. O senso comum empírico cotidiano há de ter a palavra final. Todos os vocabulários éticos especializados são falsos. É melhor abandonar agora a velha e séria busca metafísica, junto com o conceito antiquado de Deus Pai."

Muitas vezes eu mesma me sinto quase persuadida a pensar nesses termos. Costuma ser difícil na filosofia saber se estamos dizendo algo razoavelmente público e objetivo ou se estamos apenas erigindo uma barreira, especial para nosso temperamento, contra nossos próprios medos pessoais. (É sempre uma questão significativa a ser perguntada sobre qualquer filósofo: de que ele tem medo?) É claro que podemos temer que a tentativa de ser bom se revele insignificante, ou na melhor das hipóteses algo vago e não muito importante, ou que venha a ser tal como Nietzsche a descreveu, ou que a magnificência da grande arte possa ser uma ilusão efêmera. Falarei brevemente do "*status*" de meus argumentos mais adiante. Pode-se certamente dizer que um olhar sobre a cena incita o desespero.

A dificuldade maior está, de fato, no olhar. Se não acreditamos em um Deus pessoal, não existe "problema" do mal, mas existe a dificuldade quase insuperável de observar direito o mal e o sofrimento humano. É muito difícil concentrar a atenção no sofrimento e no pecado, dos outros ou de si mesmo, sem falsificar o quadro de alguma forma que o torne tolerável (por exemplo, com os artifícios sadomasoquistas que mencionei antes). Só as maiores obras de arte conseguem fazê-lo, e essa é a única evidência pública de que isso pode ser feito. A noção de Kant do sublime, embora extremamente interessante, talvez até mais interessante do que Kant percebia, é um tipo de romantismo. O espetáculo das coisas imensas e assombrosas pode até satisfazer, mas em geral o faz de modo bastante imperfeito. Boa parte do pensamento existencialista se vale dessa reação de "caniço pensante" que não passa de mais uma forma de autoafirmação romântica. Não é isso que levará um homem a ter um comportamento altruísta em um campo de concentração. Há algo, no entanto, na tentativa séria de olhar com compaixão as coisas humanas que automaticamente sugere que "existe mais do que isso". O "existe mais do que isso", se não for corrompido por algum tipo de finalidade pseudoteológica, continuará sendo uma fagulha mínima de percepção, algo semelhante a uma posição metafísica, sem chegar a ser uma forma metafísica. Acredito que a fagulha é real, e que a grande arte é prova de sua realidade. A arte, longe de ser uma diversão lúdica da raça humana, é o lugar de sua percepção mais fundamental, e o centro ao qual os passos mais incertos da metafísica precisam retornar constantemente.

Quanto à elite de místicos, eu rejeitaria o termo "elite". É claro que a filosofia tem sua própria terminologia, mas o que ela tenta descrever não precisa ser, e acho que não é o caso aqui, removido da vida ordinária. A moralidade tem sido sempre relacionada à religião, e a religião ao misticismo. O desaparecimento do meio-termo deixa a moralidade em uma situação decerto mais difícil, mas essencialmente igual. O fundo da moralidade é propriamente algum tipo de misticismo, se por isso se quer dizer uma fé não dogmática, por essência não formulada, na realidade do Bem, de vez em quando relacionada à experiência. O camponês virtuoso sabe, e creio que continuará sabendo, apesar da remoção ou modificação de qualquer aparato teológico, mas ele pode ter dificuldade em dizer o que sabe. É claro que essa visão não é passível sequer de uma prova filosófica persuasiva, e pode ser desafiada com facilidade por todo tipo de argumentos de base empírica. Contudo, não acho que o camponês virtuoso vá ficar sem recursos. A superstição cristã tradicional tem sido compatível com todo tipo de conduta, boa ou ruim. Sem dúvida existirão novas superstições; e continuará acontecendo de algumas pessoas conseguirem efetivamente amar seus próximos. Acredito que o "maquinário da salvação" (se ele existe) é em essência o mesmo para todos. Não existe nenhuma doutrina secreta complicada. Todos somos capazes de criticar, modificar e estender a área de estrita obrigação que herdamos. O bem é irrepresentável e indefinível. Somos todos mortais e estamos igualmente à mercê da necessidade e do acaso. Esses são os verdadeiros aspectos nos quais todos os homens são irmãos.

Quanto ao *status* do argumento, talvez haja pouco ou, pelo contrário, demais a dizer. Se existe um argumento, de maneira resumida ele já ocorreu. Argumentos filosóficos são quase sempre inconclusivos, e este não é dos mais rigorosos. Não se trata de um tipo de pragmatismo ou de uma filosofia do "como se". Se alguém me pergunta: "Você então acredita na Ideia de que Deus existe?", eu respondo: "Não, não do jeito que as pessoas costumavam pensar que Deus existia". Tudo o que podemos fazer é apelar a algumas áreas da experiência que apontam para certas características, e usar metáforas adequadas e inventar conceitos apropriados onde seja necessário para dar visibilidade a essas características. Não é nem mais, nem menos do que isso o que faz a maioria dos filósofos linguistas de pensamento empírico. Como não há prova filosófica ou científica de total determinismo, permite-se ao menos a noção de que existe uma parte da alma livre do mecanismo da psicologia empírica. Gostaria de combinar a afirmação de tal liberdade com uma visão estrita e amplamente empírica do mecanismo em si. Sobre a área tão pequena da "liberdade", aquela que em nós atenta ao real e é atraída pelo bem, eu gostaria de fazer um comentário igualmente rigoroso e talvez pessimista.

Não falei do papel do amor em suas manifestações cotidianas. Se vamos falar da grande arte como "evidência", não seria o amor humano comum uma evidência ainda mais pungente de um princípio transcendente do bem? Platão estava preparado para tomá-lo como ponto de partida (existem vários pontos de partida). Só podemos concordar que, em certo sentido, é a coisa mais importante de todas, e no entanto o amor humano costuma ser profundamente possessivo e também "mecânico" demais para que seja um lugar de visão. Há aqui um paradoxo sobre a natureza do amor em si. Que o mais elevado amor é, em certo sentido, impessoal é algo que podemos de fato ver na arte, mas acho que não conseguimos ver isso com clareza, a não ser parcialmente, nas relações entre seres humanos. Mais uma vez, a posição da arte é única. A imagem do Bem como centro magnético transcendente me parece o retrato menos corruptível e mais realista que podemos usar em nossas reflexões sobre a vida moral. Aqui a "prova" filosófica, se existe, é igual à "prova" moral. Gostaria de me basear em especial em argumentos da experiência relativos ao realismo que percebemos vinculados à bondade, e com o amor e o distanciamento que é exibido na grande arte.

Ao longo deste ensaio, conjeturei que "não existe Deus" e que a influência da religião está minguando rapidamente. Essas duas conjeturas podem ser desafiadas. O que me parece indubitável é que a filosofia moral está amedrontada e confusa, e em muitas regiões é desacreditada e vista como desnecessária. O desaparecimento do eu filosófico, substituído pelo confiante eu científico, levou a ética a uma concepção inflada, porém vazia da vontade, e é sobretudo isso que venho atacando. Não tenho certeza de até que ponto minhas sugestões positivas fazem sentido. A busca por unidade é profundamente natural, mas, como tantas coisas profundamente naturais, é capaz de não produzir nada senão uma variedade de ilusões. Do que tenho certeza é da inadequação – na verdade, da imprecisão – do utilitarismo, do linguístico behaviorismo e do existencialismo corrente em todas as formas que conheço. Também tenho certeza de que a filosofia moral deve ser defendida e mantida em existência como atividade pura, ou como área fértil, análoga em importância à matemática não aplicada ou à pura pesquisa histórica "inútil". A teoria ética afetou a sociedade, chegando no passado a alcançar até o homem comum, e não há boa razão para pensar que não possa fazê-lo no futuro. Tanto para a salvação individual quanto para a salvação coletiva da raça humana, a arte é sem dúvida mais importante que a filosofia, e a literatura é a mais importante das artes. Mas não pode haver substituto para a especulação pura, disciplinada, profissional: e é dessas duas áreas, arte e ética, que devemos esperar que se produzam conceitos dignos – e capazes – de guiar e deter o poder crescente da ciência.

3.
A soberania do Bem
sobre outros conceitos

O desenvolvimento da consciência nos seres humanos está ligado inseparavelmente ao uso da metáfora. As metáforas não são apenas decoração periférica ou modelos úteis; são formas fundamentais da nossa consciência de nossa condição: metáforas do espaço, metáforas do movimento, metáforas da visão. A filosofia em geral, e a filosofia moral em particular, costumava se preocupar no passado com o que considerava serem nossas imagens mais importantes, explicando as existentes ou desenvolvendo imagens novas. O argumento filosófico que consiste nesse jogo de imagens, isto é, os grandes sistemas metafísicos, costuma ser inconclusivo, e é visto por muitos pensadores contemporâneos como algo sem valor. O *status* e o mérito desse tipo de argumento suscita, é claro, muitos problemas. Parece-me impossível, contudo, discutir certos tipos de conceitos sem recorrer à metáfora, uma vez que esses próprios conceitos são profundamente metafóricos e não podem ser analisados por meio de componentes não metafóricos sem que haja uma perda de substância. A filosofia behaviorista moderna se esforça em fazer tais análises para certos conceitos morais, e penso que o faz sem sucesso. Um dos motivos para essa tentativa é um desejo de "neutralizar" a filosofia moral, de produzir uma discussão filosófica da moralidade que não tome partido. Muitas vezes, as metáforas têm uma carga moral que a análise em termos mais simples e diretos pretende remover. Isso também me parece equivocado. A filosofia moral não pode evitar tomar partido, e os filósofos que se pretendem neutros na verdade tomam partido de maneira sub-reptícia. A filosofia moral é o exame das mais importantes entre as atividades humanas, e penso que ela requer duas coisas. O exame tem que ser realista. A natureza humana, em oposição às naturezas de outros hipotéticos seres espirituais, tem certos atributos que se podem descobrir, e eles devem ser ponderados adequadamente em qualquer discussão de moralidade. Em segundo lugar, como um sistema ético não pode deixar de sugerir um ideal, ele deve sugerir um ideal digno. A ética não deve ser uma mera análise da medíocre conduta comum; deve ser uma hipótese sobre a boa conduta e sobre como ela pode ser alcançada. Como podemos nos tornar melhores é uma questão à qual os filósofos morais devem tentar responder. E, se eu estiver certa, a resposta virá ao menos em parte na forma de metáforas explanatórias e persuasivas. Esclarecerei em breve as metáforas que pessoalmente prefiro e o filósofo sob cuja bandeira estou lutando.

Antes, porém, gostaria de mencionar muito rapidamente duas concepções fundamentais de meu argumento. Se qualquer uma delas for negada, o que seguir será menos convincente. Concebo que os seres humanos são naturalmente egoístas, e que a vida humana não tem finalidade externa, ou τέλος [*télos*]. Que os seres humanos são naturalmente egoístas parece algo evidente, quando quer e de onde quer que olhemos para eles, apesar da existência de muito poucas exceções aparentes. Sobre a qualidade desse egoísmo, a filosofia moderna encontrou algo a nos dizer. A psique é um indivíduo historicamente determinado cuidando de si de maneira implacável. Em alguns aspectos parece uma máquina; para que seja operada, precisa de fontes de energia, e está predisposta a certos padrões de atividade. A área de sua alardeada liberdade de escolha não costuma ser muito grande. Um de seus passatempos principais é sonhar acordada. Ela reluta em encarar realidades desagradáveis. Normalmente, sua consciência não é um vidro transparente através do qual ela enxerga o mundo, mas uma nuvem de devaneios mais ou menos fantásticos designada a protegê-la da dor. Ela procura o consolo constantemente, seja pela inflação imaginada do eu ou por ficções de natureza teológica. Mesmo seu amor tende a ser, na maioria das vezes, uma afirmação do eu. Acho provável que possamos nos reconhecer nessa descrição bastante deprimente.

Que a vida humana não tem finalidade externa ou τέλος é uma visão tão difícil de defender quanto a visão oposta, e me permito simplesmente afirmá-la. Não vejo nenhuma evidência sugerindo que a vida humana não seja algo autônomo. Há decerto muitas finalidades no interior da vida, mas não existe uma finalidade geral garantida externamente do tipo que os filósofos e teólogos costumavam procurar. Somos o que parecemos ser, criaturas mortais transitórias sujeitas à necessidade e ao acaso. Isso quer dizer, em minha opinião, que não existe Deus no sentido tradicional do termo; e o sentido tradicional talvez seja o único sentido. Quando Bonhoeffer diz que Deus quer que vivamos como se não existisse Deus, suspeito que esteja usando mal as palavras. Igualmente, os vários substitutos metafísicos para Deus – a Razão, a Ciência, a História – são falsas deidades. Nosso destino pode ser examinado, mas não pode ser justificado ou explicado em sua totalidade. Simplesmente estamos aqui. E se há qualquer tipo de sentido ou unidade na vida humana, e esse sonho não cessa de nos assombrar, é de algum outro tipo e deve ser buscado dentro da experiência humana, que não dispõe de nada exterior.

É claro que a ideia da vida como fechada em si mesma e sem finalidade não é simplesmente produto do desespero de nossa época. É o produto natural do avanço da ciência e se desenvolveu durante um longo período. Na verdade, até já ocasionou toda uma era na história da filosofia, começando com Kant e levando ao existencialismo e à filosofia analítica de hoje. A principal característica dessa fase da filosofia pode ser descrita em poucas palavras: Kant aboliu Deus e fez do homem Deus em Seu lugar. Ainda vivemos a era do homem kantiano, ou do homem-deus kantiano. A exposição conclusiva de Kant das supostas provas da existência de Deus, sua análise das limitações da razão especulativa, junto com seu retrato eloquente da

A soberania do Bem

dignidade do homem racional, teve resultados que poderiam talvez desanimá-lo. Quão reconhecível, quão familiar para nós, é o homem retratado com tanta beleza na *Fundamentação da metafísica dos costumes* que, mesmo confrontado a Cristo, volta-se para o julgamento de sua própria consciência e para ouvir a voz de sua própria razão. Despido do exíguo fundo metafísico de que Kant estava preparado para dotá-lo, esse homem ainda está conosco tranquilo, livre, independente, só, poderoso, racional, responsável, corajoso, o herói de tantos romances e livros de filosofia moral. A *raison d'être* dessa criatura atraente, mas ilusória, não está muito distante. Ele é filho da era da ciência, confiante e racional e, no entanto, cada vez mais consciente de sua alienação em relação ao universo material que suas descobertas revelam; e como ele não é um hegeliano (Kant, e não Hegel, foi quem forneceu à ética ocidental essa imagem dominante), sua alienação não tem cura. Ele é o cidadão ideal do Estado liberal, uma advertência para os tiranos. Tem a virtude que a era requer e admira: a coragem. Não é um passo longo demais de Kant a Nietzsche, e de Nietzsche ao existencialismo e às doutrinas éticas anglo-saxônicas que, em alguns aspectos, se parecem muito com ele. Na verdade, o homem de Kant já recebeu uma encarnação gloriosa cerca de um século antes na obra de Milton: seu nome é Lúcifer.

O cerne desse tipo de filosofia moral pós-kantiana é a noção da vontade como a criadora de valor. Valores que antes estavam em algum sentido inscritos nos céus e garantidos por Deus são reduzidos à vontade humana. Não existe realidade transcendente. A ideia do bem continua indefinível e vazia para que a escolha humana possa preenchê-la. O conceito moral soberano é a liberdade, ou talvez a coragem em um sentido que a identifica com a liberdade, a vontade, o poder. Esse conceito habita um nível superior bastante à parte da atividade humana, uma vez que é o que garante os valores secundários criados por escolha. Ato, escolha, decisão, responsabilidade, independência são enfatizados nessa filosofia de origem puritana e aparente austeridade. Deve-se dizer a seu favor que essa imagem da natureza humana foi a inspiração do liberalismo político. Contudo, como Hume uma vez observou com sabedoria, a boa filosofia política não é necessariamente boa filosofia moral.

Essa noção é de fato austera, mas há algo a se acrescentar a ela. Que lugar, poderíamos perguntar, resta nesse severo retrato do homem solitário todo-responsável para a vida das emoções? E o caso é que as emoções têm um lugar bastante significativo. Elas entram pela porta dos fundos aberta por Kant e por todo o movimento romântico que se seguiu. O puritanismo e o romantismo são parceiros naturais e nós ainda vivemos com essa parceria. Kant sustentava uma teoria muito interessante sobre a relação das emoções com a razão. Ele não reconhecia oficialmente as emoções como parte da estrutura da moralidade. Quando fala de amor, sugere distinguir entre o amor prático, que é uma questão de ações racionais, e o amor patológico, mera questão de sentimento. Quer segregar a psique empírica confusa e cálida das limpas operações da razão. No entanto, em uma nota de rodapé da *Fundamentação da metafísica dos costumes*, ele concede um lugar secundário a uma emoção particular, a *Achtung*, ou respeito pela lei moral. Essa emoção é um tipo de orgulho sofrido que acompanha, embora não motive, o reconhecimento do dever. É uma verdadeira experiência de liberdade (próxima à *Angst* existencialista), a percepção de que, mesmo movidos pelas paixões, também somos capazes de uma conduta racional. Há uma relação próxima entre esse conceito e a bela concepção kantiana do sublime. Experimentamos o sublime quando confrontamos a terrível contingência da natureza ou do destino humano e retornamos para dentro de nós mesmos com um tremor orgulhoso de poder racional. Quão abjetos somos, e no entanto nossa consciência tem um valor infinito. Aqui é Belial, e não Satã, quem fala.

> *Pois quem perderia,*
> *Embora cheio de dor, este ser intelectual,*
> *Esses pensamentos que vagueiam pela eternidade [...]*

As emoções podem então voltar à cena como um tipo de excitação permissível, bastante dolorosa, que é subproduto de nosso *status* de seres racionais dignos.

Mas o que aparece em Kant como uma nota de rodapé e uma questão lateral assume um lugar central no desenvolvimento a que sua filosofia se submeteu no movimento romântico. Eu resumiria isso dizendo que o romantismo tendia a transformar a ideia da morte na ideia do sofrimento. É claro que fazer isso é uma tentação humana das mais antigas. Poucas ideias inventadas pela humanidade têm mais poder de consolo do que a ideia de purgatório.

Comprar de volta o mal por meio do sofrimento ao abraçar o bem: o que poderia ser mais satisfatório, ou, como diria um romântico, mais excitante? De fato a imagem central do cristianismo se presta a essa transformação ilegítima. A *Imitatio Christi* na obra tardia de Kierkegaard é um exemplo distinto da autoindulgência romântica nesse assunto, embora possa parecer descortês dizer isso de um grande e bastante terno escritor que realmente sofreu por dizer à sua sociedade certas verdades. A ideia de uma liberdade excitante e sofrida logo começou a vivificar a austeridade da metade puritana do retrato kantiano, acompanhada de uma ideia mansa e embelezada da morte, um culto à pseudomorte e à pseudotransitoriedade. A morte se torna *Liebestod*, dolorosa e excitante, ou, no pior dos casos, charmosa e docemente chorosa. Estou falando aqui, é claro, não dos grandes artistas e pensadores românticos em seus melhores momentos, mas da trilha geral muito percorrida que leva de Kant às filosofias populares de hoje. Quando o Lúcifer neokantiano vislumbra a morte real e tem uma chance verdadeira, refugia-se nas emoções sublimes e se cobre com uma imagem de liberdade torturada, da qual tem se falado corretamente ser o estudo próprio dos filósofos.

Quando Kant quis encontrar algo limpo e puro fora da confusão da egoísta psique empírica, seguiu um instinto profundo mas, em minha opinião, olhou para o lado errado. Sua inquirição o levou de volta ao eu, agora visto como angelical, e dentro desse eu angelical seus seguidores tenderam a permanecer. Quero agora retornar ao início e observar de novo o poderoso sistema de energia da psique autodefensiva à luz da questão: como podemos nos tornar melhores? Tendo que lidar com tal oponente, podemos duvidar se a ideia de uma vontade orgulhosa e nua dirigida para a ação correta é uma fórmula realista e suficiente. Creio que o homem comum, com as concepções religiosas simples que fazem sentido para ele, de modo geral sustentou uma ideia mais justa do assunto do que o filósofo voluntarista, e uma visão que incidentalmente combina melhor com as descobertas da psicologia moderna. A religião costuma enfatizar estados mentais tanto quanto ações, e enxerga os estados mentais como o fundo genético da ação: a pureza de coração, a pobreza de espírito. A religião oferece mecanismos para a purificação dos estados mentais. O crente sente que precisa, e pode receber, uma ajuda extra. "Não eu, mas Cristo." A existência real de tal ajuda é muitas vezes utilizada como argumento para a verdade das doutrinas religiosas. É claro que a prece e os sacramentos podem ser "mal usados" pelo crente como meros instrumentos de consolo. Mas, independentemente do que se pense de seu contexto teológico, parece que a prece de fato pode induzir uma qualidade maior de consciência e oferecer uma energia para a boa ação que de outro modo não estaria disponível. A psicologia moderna apoia aqui o senso instintivo da pessoa comum, ou do crente comum, quanto à importância de seus estados mentais e a disponibilidade de uma energia suplementar. A psicologia pode até incitar os filósofos behavioristas contemporâneos a reexaminar seus conceitos descartados de "experiência" e "consciência". Ao abrirmos os olhos, não necessariamente enxergamos o que temos diante de nós. Somos animais guiados pela ansiedade. Nossas mentes estão continuamente ativas, fabricando um *véu* de ansiedade, em geral autopreocupado, muitas vezes falsificador, que esconde em parte o mundo. Nossos estados de consciência diferem em qualidade, nossas fantasias e sonhos não são triviais e insignificantes: estão profundamente conectados com nossas energias e nossa capacidade de escolher e agir. E se a qualidade da consciência importa, então qualquer coisa que altere a consciência na direção do altruísmo, da objetividade e do realismo deve estar conectado com a virtude.

Seguindo uma pista de Platão (*Fedro*, 250), começarei falando da que talvez seja a coisa mais óbvia que nos cerca, uma ocasião para o "rompimento do egoísmo": o que chamamos popularmente de beleza. Filósofos recentes tendem a evitar esse termo porque preferem falar de razões, e não de experiências. Mas a implicação da experiência da beleza me parece algo de grande importância, que não deveria ser descartado em favor de uma análise de vocabulários críticos. Beleza é o nome conveniente e tradicional de algo que a arte e a natureza compartilham, e que dá um sentido bastante claro à ideia de qualidade de experiência e mudança de consciência. Estou olhando pela janela em um estado mental ansioso e ressentido, abstraída do que me cerca, remoendo talvez algum estrago causado ao meu prestígio. De repente, observo um falcão que paira no ar. Em um instante, tudo se altera. Desapareceu o eu que se remoía com sua vaidade machucada. Não há nada além do falcão. E quando volto a pensar na outra questão, ela parece menos importante. E é claro que isso é algo que também podemos fazer com deliberação: dar atenção à natureza para eliminar as preocupações egoístas da nossa mente. Pode parecer estranho começar o argumento contra o que chamei de "romantismo" valendo-me de uma ideia de atenção à natureza. De fato, não acho que qualquer um dos grandes românticos realmente acreditasse que só recebemos o que damos e que a natureza vive apenas em nossa vida, embora os menores tendessem a seguir a liderança de Kant e usar a natureza como ocasião para a autocomplacência exaltada. Os grandes românticos, incluindo o que citei há pouco, transcenderam o "romantismo". Uma apreciação autodirigida da natureza me parece algo forçado. Mais naturalmente, e mais adequadamente, tiramos um prazer despercebido na simples e inútil existência independente de animais, pássaros, pedras e árvores. "O que é místico é que o mundo exista, não como o mundo é."

Tomo esse ponto de partida não porque pense que seja o lugar mais importante da mudança moral, mas porque penso que é o mais acessível. É tão patente que seja uma coisa boa tirar prazer de flores e animais que as pessoas que observam falcões e levam para casa plantas em vasos podem até se surpreender com a noção de que tudo isso tenha algo a ver com a virtude. A surpresa é produto do fato de que, como Platão ressaltou, a beleza é a única coisa espiritual que amamos por instinto. Quando passamos da beleza na natureza à beleza na arte, entramos em uma região mais difícil. A experiência da arte é mais facilmente degradada do que a experiência da natureza. Uma boa parte da arte, talvez sua maior parte, é constituída de fato por uma fantasia autoconsoladora, e mesmo a grande arte não pode garantir a qualidade da consciência de seu consumidor. Contudo, a grande arte existe e de vez em quando é apreciada adequadamente, e mesmo uma experiência superficial do que é grande pode ter seu efeito. A arte – e por "arte" de agora em diante me refiro à boa arte, e não à mera fantasia – nos proporciona um prazer puro na existência independente do que é primoroso. Tanto em sua gênese quanto em sua apreciação, é algo que se opõe totalmente à obsessão egoísta. Ela revigora nossas melhores capacidades, e, para usar a linguagem platônica, inspira amor na porção mais elevada de nossa alma. É capaz de fazê-lo em parte por virtude de algo que ela compartilha com a natureza: a perfeição da forma que convida à contemplação não possessiva e resiste à absorção pela egoísta vida de sonho da consciência.

A arte, entretanto, considerada como um sacramento ou como uma fonte de boa energia, possui uma dimensão extra. Ela é menos acessível do que a natureza, mas também mais edificante, já que é um produto humano, e certas artes são de fato "sobre" questões humanas em sentido direto. A arte é um produto humano e exige tanto virtude quanto talento da parte do artista. O bom artista, em relação à sua arte, é corajoso, verdadeiro, paciente, humilde; e mesmo na arte não representativa podemos intuir essas qualidades. Talvez também pudéssemos sugerir, com mais cautela, que a arte não representativa parece expressar de modo até mais categórico algo que tem a ver com a virtude. O papel espiritual da música tem sido muitas vezes reconhecido, embora os teóricos costumem ser cuidadosos em analisá-lo. Seja como for, as artes representativas, que de forma mais evidente erguem um espelho voltado para a natureza, parecem se preocupar com a moralidade de um modo que não é um simples efeito do que intuímos quanto à disciplina do artista.

Essas artes, em especial a literatura e a pintura, nos mostram o sentido peculiar em que o conceito de virtude está atado à condição humana. Mostram-nos o absoluto despropósito da virtude ao mesmo tempo que exibem sua suprema importância; a apreciação da arte é um treinamento para o gosto pela virtude. A falta de propósito da arte não é o despropósito de um jogo; é o despropósito da vida humana em si, e a forma na arte é propriamente o estímulo do despropósito autocontido do universo. A boa arte revela aquilo que em geral somos egoístas ou tímidos demais para reconhecer: o detalhamento minucioso e absolutamente aleatório do mundo, e o revela junto com um senso de unidade e de forma. Essa forma muitas vezes nos parece misteriosa porque resiste aos padrões fáceis da fantasia, ao passo que não há nada de misterioso nas formas da arte ruim, já que elas são atalhos reconhecíveis e familiares do devaneio egoísta. A boa arte nos mostra como é difícil ser objetivo, mostrando-nos como o mundo parece diferente a uma visão objetiva. Somos apresentados a uma imagem verdadeira da condição humana em uma forma que pode ser contemplada com firmeza; e de fato esse é o único contexto em que muitos de nós somos capazes de contemplá-la. A arte transcende as limitações egoístas e obsessivas da personalidade e pode aumentar a sensibilidade de seu consumidor. É um tipo de bondade por procuração. Acima de tudo ela nos exibe a conexão, em seres *humanos*, entre a visão clara e realista e a compaixão. O realismo de um grande artista não é um realismo fotográfico; em essência, é tanto piedade quanto justiça.

Aqui encontramos uma notável redenção de nossa tendência a ocultar a morte e o acaso pela invenção das formas. Qualquer história que contemos sobre nós mesmos nos consola porque impõe um padrão a algo que, de outro modo, nos pareceria intoleravelmente casual e incompleto. Contudo, a vida humana é casual e incompleta. É o papel da tragédia, e também da comédia, e da pintura, mostrar o sofrimento sem excitação e a morte sem consolo. Ou, se existe algum consolo, é o consolo austero de uma beleza que nos ensina que nada na vida tem qualquer valor, exceto as tentativas de ser virtuoso. O masoquismo é o inimigo maior e mais sutil do artista. Não é fácil retratar a morte – a morte real, não a falsa morte embelezada. Mesmo Tolstói não o conseguiu em *Ivan Ilitch*, embora tenha chegado a isso em outro lugar. As grandes mortes na literatura são poucas, mas nos mostram com uma clareza exemplar o modo como a arte nos revigora por justaposição, quase por identificação, entre despropósito e valor. A morte de Pátroclo, a morte de Cordélia, a morte de Petya Rostov. Tudo é vaidade. A única coisa de real importância é a capacidade de ver tudo com clareza e reagir com justiça, que é inseparável da virtude. Talvez uma das maiores conquistas de todas seja acompanhar esse senso de absoluta mortalidade não no trágico, mas no cômico. Superficialidade e Silêncio. Stiepan Trofímovitch Vierkhoviénski.

A arte não é, portanto, uma diversão ou uma questão lateral, é a mais educativa de todas as atividades humanas e um lugar em que a natureza da moralidade pode ser *vista*. A arte dá um sentido claro a muitas ideias que parecem mais intrigantes quando topamos com elas em outro lugar, e é uma chave para o que acontece em outro lugar. Uma compreensão de qualquer arte envolve um reconhecimento de hierarquia e autoridade. Há graus de mérito muito evidentes, há alturas e distâncias; mesmo Shakespeare não é perfeito. A boa arte, diferentemente da arte ruim, diferentemente dos "happenings", é algo que está por excelência fora de nós e que resiste à nossa consciência. Rendemo-nos a sua *autoridade* com um amor não possessivo e não egoísta. A arte nos mostra o único sentido em que o permanente e incorruptível é compatível com o transitório; e, seja representativa ou não, ela nos revela aspectos do mundo que nossa tola e comum consciência de sonho é incapaz de ver. A arte fura o véu e nos dá a noção de uma realidade que está além da aparência; ela exibe a virtude em seu verdadeiro disfarce no contexto da morte e do acaso.

Platão acreditava que a beleza podia ser um ponto de partida para a vida boa, mas ele passou a desconfiar da arte, e hoje podemos ver representada naquele grande espírito a batalha peculiarmente perturbadora entre o artista e o santo. Platão concedeu à beleza do jovem adorável um poder de despertar que ele negou à beleza da natureza ou da arte. Parece ter chegado a crer que toda arte é arte ruim, mera ficção e consolo que distorce a realidade. Em relação à natureza, no contexto de sua teoria das formas, parece ter duvidado ao menos uma vez. Existem formas para a lama, o cabelo ou a sujeira? Se existem, a natureza está então redimida no âmbito da visão verdadeira. (É claro que meu argumento prévio presume, em termos platônicos, que existam.) Outro ponto de partida, ou outra rota, de que Platão fala com mais frequência ainda é o modo das τέχναι, as ciências, os ofícios e as disciplinas intelectuais excluídas as artes. Acredito que existe um modo do intelecto, um sentido em que as disciplinas intelectuais são disciplinas morais, e isso não é muito difícil de discernir. Há importantes ideias-pontes entre a moralidade e outras atividades humanas à primeira vista diferentes, e essas ideias talvez sejam vistas com mais clareza no contexto das τέχναι. E, assim como quando usamos a natureza da arte como uma pista, podemos ser capazes de aprender mais sobre a área central da moralidade se examinarmos os que são essencialmente os mesmos conceitos empregados com mais simplicidade em outro lugar. Refiro-me a conceitos como justiça, precisão, sinceridade, realismo, humildade, coragem como capacidade de sustentar uma visão clara, amor como apego ou mesmo paixão sem emoção ou sem eu.

A τέχνη que Platão julgava a mais importante era a matemática, por ser a mais rigorosa e abstrata. Tomarei como exemplo uma τέχνη que me é mais cara: aprender uma língua. Se estou aprendendo, por exemplo, russo, sou confrontada a uma estrutura impositiva que exige meu respeito. A tarefa é difícil e o objetivo é distante, talvez nunca inteiramente atingível. Meu trabalho é uma revelação progressiva de algo que existe independentemente de mim. A atenção é recompensada por um conhecimento da realidade. O amor pelo russo me afasta de mim em direção a algo que me é estranho, algo que minha consciência não pode controlar, destruir, negar ou tornar irreal. A honestidade e a humildade que se requerem de um estudante – que não finja saber o que não sabe – é a preparação para a honestidade e a humildade de um acadêmico que não se sente sequer tentado a suprimir o fato que destrói sua teoria. É claro que uma τέχνη pode ser mal utilizada; um cientista pode sentir que deveria desistir de certo campo de estudo se soubesse que suas descobertas seriam usadas de forma imprópria. Mas, excetuando-se esses contextos especiais, estudar costuma ser um exercício de virtude tanto quanto de talento, e nos mostra um modo fundamental em que a virtude se relaciona com o mundo real.

Sugeri que poderíamos ver com mais clareza no caso das τέχναι a natureza de conceitos muito centrais à moralidade, tais como justiça, verdade ou humildade. Podemos ver também o crescimento e a interconexão entre esses conceitos, assim como quando algo, visto de um lado, parece mera precisão e acaba se mostrando, visto do outro, justiça, coragem ou até amor. Desenvolver uma *Sprachgefühl* [um sentimento da língua] é desenvolver uma sensibilidade respeitosa e ponderada em relação a algo que se parece muito com outro organismo. Uma disciplina intelectual pode desempenhar o mesmo tipo de papel que aquele que atribuí à arte, pode estender a imaginação, aumentar a visão e fortalecer o julgamento. Quando Platão fez da matemática a rainha das τέχναι, enxergava o pensamento matemático como algo que conduzia a mente para além do mundo material e lhe permitia perceber uma realidade de um novo tipo, muito diferente das aparências comuns. E é possível ver outras disciplinas, história, filologia, química, como atividades que nos apresentam um novo tipo de matéria e nos mostram uma nova realidade por trás das aparências. Esses estudos não são apenas um exercício de virtude, podendo até ser pensados como imagens introdutórias à vida espiritual. Mas não são a vida espiritual em si, e a mente que não ascendeu além deles não alcançou o todo da virtude.

Quero agora abordar mais de perto o ponto central de meu argumento, o Bem. A beleza e as τέχναι são, para usar a imagem de Platão, o texto escrito em grandes letras. O conceito do Bem em si é o texto mais difícil de entender, mas essencialmente é um texto similar escrito em letras pequenas. Nas disciplinas intelectuais e na apreciação da arte e da natureza, descobrimos valor em nossa capacidade de esquecer o eu, de ser realistas, de perceber com justiça. Usamos nossa imaginação não para escapar do mundo, mas para nos unirmos a ele, e isso nos diverte pela distância que existe entre nossa consciência comum embotada e uma apreensão do real. Os conceitos de valor estão aqui patentemente ligados ao mundo, como se estivessem se estendendo entre o mundo e a mente em busca da verdade; não estão se movendo por aí por sua própria conta como adjuntos à vontade pessoal. A autoridade da moral é a autoridade da verdade, isto é, da realidade. Podemos ver o comprimento, a extensão desses conceitos à medida que a atenção paciente transforma a precisão sem intervalo em discernimento justo. Aqui também podemos ver, como algo natural ao tipo particular de criaturas que somos, que o amor deveria ser inseparável da justiça, e a visão clara ser inseparável do respeito pelo real.

A soberania do Bem

Que a virtude opera exatamente do mesmo modo na área central da moralidade é algo menos fácil de perceber. Os seres humanos são muito mais complicados, enigmáticos e ambíguos do que as línguas ou os conceitos matemáticos, e o egoísmo opera de uma maneira mais equívoca e frenética em nossas relações com eles. A ignorância, a confusão, o medo, as ilusões, a falta de testes muitas vezes nos fazem sentir que a escolha moral é algo arbitrário, uma questão de vontade pessoal muito mais do que de estudo atento. Nossas afeições tendem a ser egoístas e fortes, e a transformação de nossos amores do egoísmo ao altruísmo às vezes é difícil de conceber. Ainda assim, a situação será mesmo tão diferente? Uma criança com deficiência mental deve ser mantida em casa ou mandada a uma instituição? Um parente mais velho que costuma causar problemas deve ser cuidado ou podemos pedir que vá embora? Um casamento infeliz deve ser prolongado pelo bem das crianças? Eu deveria largar minha família para fazer um trabalho político? Deveria negligenciá-los para praticar minha arte? O amor que traz a resposta certa é um exercício de justiça e realismo, e de realmente *olhar*. A dificuldade é manter a atenção fixa na situação real e impedir que ela retorne sub-repticiamente ao eu com consolos e autopiedade, ressentimento, fantasia e desespero. A recusa a prestar atenção pode até induzir um senso fictício de liberdade: daria na mesma lançar uma moeda. É claro que a virtude é um bom hábito e um ato de obediência. Mas a condição de fundo de tal hábito e de tal ato, nos seres humanos, é um modo de visão justo e uma boa qualidade de consciência. É uma *tarefa* ir ver o mundo como ele é. Uma filosofia que deixa o dever sem contexto e exalta a ideia de liberdade e poder como um nível separado de valor ignora sua tarefa e obscurece a relação entre virtude e realidade. Agimos com correção "quando a hora chega" não por força de vontade, mas pela qualidade de nossas afinidades e pelo tipo de energia e de discernimento que temos disponíveis. E, para isso, toda a atividade de nossa consciência é relevante.

A imagem explanatória central que reúne os diferentes aspectos do quadro que venho tentando exibir é o conceito de Bem. Ele não é fácil de entender em parte porque tem tantos falsos duplos, intermediários inventados pelo egoísmo humano para fazer a tarefa da virtude parecer mais fácil e mais atraente: a História, Deus, Lúcifer, Ideias de poder, liberdade, finalidade, recompensa, até julgamento são irrelevantes. Místicos de todo tipo costumavam saber disso e tentaram pelos limites da linguagem retratar a nudez e a solidão do Bem, sua absoluta falta de propósito. Poderíamos dizer que a verdadeira moralidade é um tipo de misticismo não esotérico, tendo sua fonte em um amor austero e sem consolo pelo Bem. Quando Platão quer explicar o Bem, usa a imagem do Sol. O peregrino moral emerge da caverna e começa a ver o mundo real à luz do sol, e, por fim, é capaz de ver o Sol em si. Quero agora comentar vários aspectos dessa metáfora extremamente rica.

O Sol é visto ao fim de uma longa busca que envolve uma reorientação (os prisioneiros têm que dar meia-volta) e uma ascensão. É real, está lá, mas muito distante. Fornece luz e energia e nos permite conhecer a verdade. Sob sua luz vemos as coisas do mundo em suas verdadeiras relações. Olhar direto para ele é de uma dificuldade suprema, e é diferente ver as coisas à sua luz. É um tipo de coisa diferente daquelas que ilumina. Reparem na metáfora de "coisa" aqui. O Bem é um conceito para o qual, e não apenas na linguagem filosófica, usamos naturalmente uma terminologia platônica, quando falamos sobre procurar o Bem, ou amar o Bem. Também podemos falar com seriedade de coisas comuns, pessoas, obras de arte, como sendo boas, embora também tenhamos bastante consciência de suas imperfeições. É como se o Bem vivesse de ambos os lados de uma barreira e pudéssemos combinar a aspiração à bondade completa com um senso realista de conquista dentro de nossas limitações. Apesar de todas as nossas fragilidades, o comando "sede perfeitos" faz sentido para nós. O conceito de Bem resiste a colapsar em uma consciência empírica egoísta. Não é uma mera etiqueta de valor da vontade de escolha, e os usos funcionais e casuais do "bem" (uma boa faca, um bom camarada) não servem, como alguns filósofos quiseram argumentar, como indicações para a estrutura do conceito. O uso mais próprio e sério do termo nos remete a uma perfeição que talvez nunca seja exemplificada no mundo que conhecemos ("Não há bem dentro de nós") e que carrega consigo as ideias de hierarquia e transcendência. Como sabemos que os muito grandes não são os perfeitos? Vemos diferenças, sentimos direções, e sabemos que o Bem ainda está em algum lugar além. O eu, o lugar onde vivemos, é um lugar de ilusão. A bondade está vinculada à tentativa de ver o não eu, de ver e responder ao mundo real à luz de uma consciência virtuosa. Esse é o significado não metafísico da ideia de transcendência à qual os filósofos têm recorrido constantemente em suas explicações sobre a bondade. "O Bem é uma realidade transcendente" significa que a virtude é a tentativa de furar o véu da consciência egoísta e unir-se ao mundo como ele realmente é. É um fato empírico sobre a natureza humana que essa tentativa não possa ser inteiramente bem-sucedida.

É claro que estamos lidando com uma metáfora, mas uma metáfora muito importante e que não é apenas uma propriedade da filosofia e também não é só um modelo. Como eu disse no começo, somos criaturas que usam metáforas insubstituíveis em muitas de nossas atividades mais importantes. E é provável que o homem decente tenha sido sempre, ainda que de forma incerta e inexplicável, capaz de distinguir entre o Bem real e seu falso duplo. Na maioria dos contextos ideológicos, a virtude pode ser amada por sua própria conta. É como se as metáforas fundamentais carregassem esse amor através e para além do que é falso. As metáforas podem ser um modo de compreensão, e portanto de ação, sobre nossa condição. Os filósofos apenas costumam fazer explícita e sistematicamente o que a pessoa comum faz por instinto. Platão, que entendeu essa situação melhor do que a maioria dos filósofos metafísicos, se referia a muitas de suas teorias como "mitos", e nos orienta que a *República* deve ser pensada como alegoria da alma.

> Talvez haja um modelo estabelecido no céu, onde aquele que o deseja pode contemplar a cidade e se tornar seu cidadão. Mas não importa se essa cidade existe ou alguma vez existirá; é a única cidade em cuja política [o homem bom] pode tomar parte. (*República*, 592.)

Gostaria agora de continuar explicando o conceito de Bem e sua relação peculiar com outros conceitos, falando primeiro do poder unificador dessa ideia e em seguida de sua indefinibilidade. Disse antes que, até onde eu podia ver, não existia unidade metafísica na vida humana: tudo estava sujeito à mortalidade e ao acaso. E, no entanto, continuamos sonhando com a unidade. A arte é nosso sonho mais ardente. Na verdade, a moralidade nos mostra algo como uma unidade, embora seja de um tipo peculiar e muito diferente da unidade teórica fechada das ideologias. Platão retrata a alma ascendendo por quatro estágios de iluminação, descobrindo progressivamente em cada estágio que o que estava tratando como realidades eram apenas sombras ou imagens de algo ainda mais real. Ao fim dessa busca, ela chega a um primeiro princípio não hipotético que é a forma ou a ideia do Bem, que lhe permite então descer e retraçar seu caminho, agora se movendo apenas pelas formas ou pela concepção verdadeira daquilo que antes ela entendia apenas em parte (*República*, 510-1). Essa passagem da *República* provocou muita discussão, mas creio que sua aplicação geral à moralidade é bastante clara. A mente que ascendeu à visão do Bem pode subsequentemente ver os conceitos pelos quais ascendeu (arte, trabalho, natureza, povo, ideias, instituições, situações etc.) em sua verdadeira natureza e em suas próprias relações mútuas. O homem bom sabe se e quando a arte ou a política é mais importante que a família. O homem bom vê o modo como as virtudes se relacionam umas com as outras. Platão nunca chegou a expor uma visão sistemática e unitária do mundo das formas, embora deixe implícita a existência de uma hierarquia das formas. (Verdade e Conhecimento, por exemplo, vêm logo abaixo do Bem, *República*, 509a.) O que ele chega a sugerir é que trabalhamos com a ideia de tal hierarquia na medida em que introduzimos ordem em nossas concepções do mundo por meio de nossa apreensão do Bem.

Isso me parece verdadeiro. A imagem de Platão implica que a unidade completa não seja vista até que se chegue ao cume, mas o avanço moral carrega em si intuições de unidade que são cada vez menos enganadoras. À medida que aprofundamos nossas noções das virtudes, introduzimos relação e hierarquia. A coragem, que no início parecia algo autônomo, um tipo de desafio especializado do espírito, é agora vista como uma operação particular da sabedoria e do amor. Passamos a distinguir uma ferocidade autoassertiva do tipo de coragem que capacitaria um homem a escolher com frieza ser mandado a um campo de concentração em vez de ceder fácil ao tirano. Seria impossível ter apenas uma virtude, a não ser que fosse uma virtude muito trivial, como a parcimônia. Tais transformações são casos de ver a ordem do mundo à luz do Bem e revisitar as concepções verdadeiras, ou mais verdadeiras, daquilo que antes concebíamos erradamente. Descobrimos que a liberdade não é o deslocamento inconsequente de nosso peso por aí, e sim o domínio disciplinado do eu. A humildade não é um hábito peculiar de autoaniquilação, como ter uma voz inaudível, e sim um respeito altruísta pela realidade, sendo uma das virtudes mais difíceis e mais centrais.

Por sua atitude ambígua em relação ao mundo sensível, sobre a qual já falei, e por sua confiança no poder revolucionário da matemática, Platão às vezes parece sugerir que o caminho até o Bem afasta-se do mundo da particularidade e do detalhe. Contudo, ele fala tanto de uma dialética descendente como de uma ascendente, e menciona um retorno à caverna. Em todo caso, na medida em que a bondade é para ser utilizada na política e no mercado, deve combinar suas crescentes intuições de unidade com uma compreensão crescente da complexidade e do detalhamento. Falsas concepções são muitas vezes gerais, estereotipadas e desconexas. Concepções verdadeiras combinam modos justos de julgamento e a capacidade de relacioná-los com uma percepção crescente dos detalhes. É o caso da mãe que tem de considerar cada um de seus familiares para decidir se expulsa ou não uma tia. Essa dupla revelação, tanto do detalhe aleatório quanto da unidade intuída, é o que recebemos em cada esfera da vida se procuramos o que é melhor. Podemos ver isso com bastante clareza, mais uma vez, na arte e no trabalho intelectual. Os grandes artistas revelam os detalhes do mundo. Ao mesmo tempo, sua grandeza não é algo peculiar e pessoal como um nome próprio. Eles são grandes de maneiras até certo ponto similares, e a compreensão crescente de uma arte revela sua unidade por meio de sua excelência. Toda crítica séria parte disso, embora possa evitar expressá-lo em termos teóricos. A arte revela a realidade e, como há um modo de ser das coisas, há uma camaradagem entre artistas. Dá-se o mesmo entre acadêmicos. A honestidade parece a mesma virtude em um químico e em um historiador, e a evolução dos dois pode ser similar. E há outra similaridade entre a honestidade necessária para abandonar a própria teoria e a honestidade necessária para perceber o estado real do próprio casamento, embora sem dúvida este último seja muito mais difícil. Platão, que às vezes é acusado de sobrevalorizar as disciplinas intelectuais, é bastante explícito em dar a elas, quando consideradas por sua própria conta, um posto elevado, porém secundário. Um acadêmico sério tem grandes méritos. Mas um acadêmico sério que também é um bom homem conhece não apenas sua matéria, mas o lugar próprio de sua matéria no todo de sua vida. A compreensão que leva o cientista à decisão certa sobre desistir de algum estudo, ou conduz o artista à decisão certa sobre sua família, é superior à compreensão da arte ou da ciência como tais. (Não é isso o que quer dizer *"καίτοι νοητών όντων μετά αρχής"*?, *República* 511d.)[1] Somos reconhecidamente criaturas especializadas quando se trata de moralidade, e o mérito em uma área não parece garantir o mérito em outra. O bom artista não é necessariamente sábio em casa, e o guarda do campo de concentração pode ser um pai amoroso. Ao menos pode parecer assim, embora eu sinta que o artista tem ao menos um ponto de partida e que, olhando mais de perto, o guarda do campo de concentração pode acabar provando ter suas limitações como homem de família. A cena continua múltipla e complexa para além das esperanças de qualquer sistema, embora ao mesmo tempo o conceito de Bem se estenda por sua totalidade e lhe conceda o único tipo de unidade vaga e inalcançada que ele pode ter. A área da moral, e

---

1 [As coisas] se nos tornam inteligíveis por meio de algum princípio superior [e não de meras hipóteses, como praticado nas artes e ciências].

portanto da filosofia moral, pode agora ser vista não como uma questão direta de dívidas e promessas, mas como algo que cobre todo o nosso modo de viver e a qualidade de nossas relações com o mundo.

Muitas vezes o Bem foi tido por indefinível por razões ligadas à liberdade. O Bem é um espaço vazio no qual a escolha humana pode se mover. Quero agora sugerir que a indefinibilidade do bem deve ser concebida de maneira bem diferente. Pelo tipo de visão que venho oferecendo, parece que de fato sabemos certa quantidade de coisas sobre o Bem e sobre o modo como ele se conecta à nossa condição. A pessoa comum não acredita, exceto se corrompida pela filosofia, que cria valores por meio de suas escolhas. Pensa que algumas coisas realmente são melhores que outras e se vê capaz de errar. Não costumamos ter dúvidas quanto à direção em que fica o Bem. Da mesma maneira, reconhecemos a existência real do mal: cinismo, crueldade, indiferença ao sofrimento. Entretanto, o conceito de Bem ainda permanece obscuro e misterioso. Vemos o mundo à luz do Bem, mas o que é o Bem em si? A fonte de visão não é vista no sentido ordinário. Sobre o Bem, Platão diz que é o "que toda alma persegue e em vista do qual tudo faz, de cuja existência suspeita sem poder, em sua perplexidade, apreender suficientemente a essência" (*República*, 505). E também diz que o Bem é a fonte do conhecimento e da verdade, superando-os, no entanto, em esplendor (*República*, 508-9).

Para essa questão há algo como uma resposta lógica, no sentido moderno da palavra, mas acredito que não seja a resposta completa. Perguntar o que é o Bem não é como perguntar o que é a Verdade ou a Coragem, já que, ao explicar essas últimas, a ideia de Bem deve entrar, é sob sua luz que a explicação deve se proceder. "A verdadeira coragem é..." E se tentamos definir o Bem como X, temos que acrescentar que estamos nos referindo, é claro, a um bom X. Se dizemos que o Bem é Razão, temos que falar sobre um bom julgamento. Se dizemos que o Bem é Amor, temos que explicar que existem diferentes tipos de amor. Até o conceito de Verdade tem suas ambiguidades e é realmente apenas do Bem que podemos dizer que seja "o juiz de si mesmo sem precisar de outro árbitro". E com isso eu concordo. Também se argumenta que todas as coisas capazes de mostrar graus de excelência, mostram-nos à sua própria maneira. A ideia de perfeição só pode ser exemplificada em casos particulares de acordo com o tipo de perfeição que seja apropriado. Não se poderia dizer em termos gerais o que é a perfeição, ao menos não da maneira como se pode definir a generosidade ou a boa pintura. Em todo caso, as opiniões diferem e a verdade dos julgamentos de valor não pode ser demonstrada. Essa linha de argumentação às vezes é usada até para sustentar uma visão do Bom como vazio e quase trivial, uma mera palavra, "o adjetivo mais geral de aprovação", uma bandeira usada pela vontade inquiridora, um termo que poderia ser substituído com mais clareza por: "Sou a favor disso". Esse argumento e sua conclusão me parecem equivocados por razões que já expus: a excelência tem um tipo de unidade e há fatos sobre nossa condição a partir dos quais as linhas convergem em uma direção definida; e também por outras razões que me privarei de sugerir.

Um mistério genuíno ronda a ideia da bondade e do Bem. Um mistério com diversos aspectos. A indefinibilidade do Bem tem relação com a variedade assistemática e inexaurível do mundo e com a falta de propósito da virtude. Nesse aspecto há uma ligação especial entre o conceito de Bem e as ideias de Morte e Acaso. (Seria possível dizer que o Acaso é na verdade uma subdivisão da Morte. É decerto nosso mais eficiente *memento mori*.) Um senso genuíno de mortalidade nos permite ver a virtude como a única coisa de valor; e é impossível limitar e prever as formas em que ela nos será exigida. Que não possamos dominar o mundo pode ser colocado de uma maneira mais positiva. O Bem é misterioso por causa da fragilidade humana, da imensa distância envolvida. Se existissem anjos, eles seriam capazes de definir o bem, mas não entenderíamos a definição. Somos criaturas amplamente mecânicas, escravos de implacáveis forças egoístas cuja natureza mal compreendemos. Na melhor das hipóteses, como pessoas decentes, costumamos ser muito especializados. Comportamo-nos bem em áreas em que isso pode ser feito com bastante facilidade, e deixamos que outras áreas de virtude possível permaneçam sem desenvolvimento. Existem talvez para todos os seres humanos insuperáveis barreiras psicológicas à bondade. O eu é uma coisa dividida, e seu todo não pode ser resgatado mais do que pode ser conhecido. E se olhamos para fora do eu, o que vemos são intimações dispersas do Bem. Há poucos lugares em que a virtude brilha com simplicidade: a grande arte, as pessoas humildes que servem outras. E será que podemos, sem nos aprimorarmos, realmente ver as coisas com clareza? É no contexto de tais limitações que devemos pensar nossa liberdade. A liberdade é, para mim, um conceito misto. Sua metade verdadeira é simplesmente o nome de um aspecto da virtude que tem a ver sobretudo com o esclarecimento da visão e o domínio do impulso egoísta. A metade falsa e mais popular é um nome para os movimentos autoassertivos da vontade egoísta iludida que, por nossa ignorância, julgamos como algo autônomo.

Não podemos então resumir a excelência humana por alguns motivos: o mundo não tem nenhum desígnio, é incerto, imenso, e nós estamos cegos pelo eu. Há uma terceira consideração que é a relação entre as outras duas. É a *dificuldade* de olhar para o Sol: não é como olhar para as outras coisas. De alguma forma retemos a ideia, e a arte tanto expressa isso quanto o simboliza, de que as linhas realmente convergem. Existe um centro magnético. Mas é mais fácil olhar as pontas convergentes do que olhar o centro em si. Não sabemos conceituar como é o centro, e é provável que não possamos saber. Pode-se indagar: já que não conseguimos ver, para que tentar olhar? E não há o risco de estragar nossa capacidade de focar os lados? Acredito que há um sentido em tentar olhar, embora a ocupação seja perigosa por razões ligadas ao masoquismo e aos mecanismos obscuros da psique. O impulso de adorar é profundo, ambíguo, antigo. Existem falsos sóis, mais fáceis de vislumbrar e muito mais confortáveis do que o verdadeiro.

Em sua grande alegoria, Platão nos forneceu a imagem dessa adoração iludida. A princípio, os prisioneiros da caverna encaram a parede dos fundos. Atrás deles arde uma fogueira a partir de cuja luz eles vêm projetadas nas paredes as sombras de fantoches carregados entre eles e a fogueira, e assumem essas sombras como se fossem toda a realidade. Quando se viram, podem ver a fogueira, pela qual têm que passar para sair da caverna. Acredito que a fogueira representa o eu, a velha psique não regenerada, aquela grande fonte de energia e calor. Os prisioneiros no segundo estágio de iluminação adquiriram o tipo de autoconsciência que hoje em dia suscita tanto interesse entre nós. Eles podem ver em si mesmos as fontes do que antes era um instinto egoísta cego. Veem as chamas que projetam as sombras que eles costumavam pensar reais, e em seguida podem ver os fantoches, imitações das coisas do mundo real cujas sombras eles aceitavam como verdadeiras. Ainda não sonham que haja algo mais para ver. Não é muito provável que se instalem ao lado da fogueira? Por mais que sua forma seja vacilante e imprecisa, a fogueira é fácil de olhar e confortável o bastante para que se sentem junto dela.

Creio ter sido por medo disso que Kant se esforçou tanto para afastar nossa atenção da psique empírica. Essa coisa poderosa é, sem dúvida, objeto de fascínio, e aqueles que estudam seu poder de projetar sombras estão estudando algo que é real. Um reconhecimento desse poder pode ser um passo para escapar da caverna; mas pode também ser tomado como ponto final. A fogueira pode ser confundida com o Sol, e o autoescrutínio pode ser tomado por bondade. (É claro que nem todos os que escapam da caverna precisam passar tanto tempo junto à fogueira. Talvez o camponês virtuoso tenha saído da caverna sem sequer notá-la.) Qualquer religião ou ideologia pode ser resumida à substituição do eu, em geral sob algum disfarce, pelo verdadeiro objeto de veneração. No entanto, apesar daquilo que Kant temia tanto, acredito que haja um lugar tanto dentro quanto fora da religião para um tipo de contemplação do Bem, não apenas por especialistas dedicados, mas pelas pessoas comuns: uma atenção que não é apenas o planejamento de boas ações específicas, mas uma tentativa de desviar o olhar do eu em direção a uma distante perfeição transcendente, uma fonte não contaminada de energia, uma fonte de virtude *nova* e não sonhada. Essa tentativa, que implica desviar a atenção do particular, pode ser a coisa que ajuda a maioria quando as dificuldades parecem insolúveis, e sobretudo quando sentimentos de culpa continuam atraindo o olhar de volta para o eu. Esse é o verdadeiro misticismo que é moralidade, um tipo de prece não dogmática que é real e importante, embora talvez seja também difícil e facilmente corrompida.

Venho falando da indefinibilidade do Bem, mas não haverá nada mais que possamos falar sobre ele? Mesmo se não pudermos encontrá-lo em outro nome, mesmo que ele deva ser pensado como superior e solitário, não haverá outros conceitos, ou outro conceito, com o qual ele tenha alguma relação mais especial? Muitas vezes, os filósofos tentaram discernir essa relação: Liberdade, Razão, Felicidade, Coragem, História, cada uma dessas noções foi aventada em tempos recentes para o papel. Não acho nenhum desses candidatos convincente. Eles parecem representar em cada caso a admiração do filósofo por algum aspecto especializado da conduta humana, o que é muito menos que o todo da excelência e às vezes é dúbio por si só. Já mencionei um conceito com certa pretensão, e vou retornar a ele na conclusão. Quero agora falar do que talvez seja o candidato mais óbvio e também o mais antigo e tradicional, embora raramente seja mencionado por nossos filósofos contemporâneos: o Amor. É claro que o Bem é soberano ao Amor, como é soberano a outros conceitos, porque o Amor pode nomear algo ruim. Mas não haverá ainda assim algo, na concepção de um amor refinado, que é praticamente idêntico à bondade? "Agir com amor" não pode ser traduzido como "Agir com perfeição", em oposição a "Agir racionalmente"? É tentador dizer isso.

Contudo, penso que Bem e Amor não devem ser identificados, e não apenas porque o amor humano costume ser autoassertivo. Os conceitos, mesmo quando a ideia de amor é purificada, ainda têm papéis diferentes. Estamos lidando aqui com metáforas muito difíceis. O Bem é o centro magnético em direção ao qual naturalmente o amor se move. O falso amor leva ao falso bem. O falso amor abraça a falsa morte. Quando o verdadeiro bem é amado, mesmo de forma impura ou por acidente, a qualidade do amor se refina automaticamente, e quando a alma se volta para Deus a parte mais elevada da alma se alenta. O Amor é a tensão entre a alma imperfeita e a perfeição magnética, concebida como subjacente a ele. (Em *O banquete*, Platão retrata o Amor como pobre e carente.) E, quando tentamos de modo perfeito amar o que é imperfeito, nosso amor vai até seu objeto por meio do Bem para ser, assim, purificado e convertido em altruísta e justo. É a mãe amando seu filho com deficiência mental, ou amando o parente idoso tão exaustivo. O amor, o nome geral da qualidade de vínculo, é capaz de infinita degradação e é a fonte de nossos maiores equívocos; mas quando é ao menos parcialmente refinado, é a energia e a paixão da alma em busca do Bem, a força que nos une ao Bem e que nos une ao mundo através do Bem. Sua existência é um sinal inequívoco de que somos criaturas espirituais, atraídas pela excelência e feitas para o Bem. É um reflexo do calor e da luz do sol.

Talvez a descoberta de outros nomes para o Bem ou o estabelecimento de relações especiais não possa ser mais do que um tipo de jogo pessoal. Todavia, quero em conclusão fazer um último movimento. A bondade está ligada à aceitação da morte real, do acaso real e da transitoriedade real, e é só contra o fundo dessa aceitação, psicologicamente tão difícil, que podemos entender o que é a virtude em sua plena extensão. A aceitação da morte é uma aceitação de nossa própria nulidade, uma pontada automática em nossa preocupação com aquilo que não somos. O homem bom é humilde; é muito diferente do Lúcifer neokantiano. Parece-se muito mais com o coletor de impostos de Kierkegaard. A humildade é uma virtude rara e antiquada, com frequência difícil de discernir. Muito raramente encontramos alguém em quem ela brilhe sem ressalvas, em quem podemos apreender maravilhados a ausência dos tentáculos ansiosos e avarentos do eu. Na verdade, qualquer outro nome para o Bem há de ser um nome parcial; mas os nomes das virtudes sugerem direções de pensamento, e essa direção me parece melhor que aquela sugerida por conceitos mais populares como liberdade e coragem. O homem humilde, por se ver como nada, pode ver outras coisas como elas são. Ele vê a falta de propósito da virtude e seu valor único, e a extensão infinita de seu apelo. Simone Weil nos diz que a exposição da alma a Deus condena sua parte egoísta, se não ao sofrimento, ao menos à morte. O homem humilde percebe a distância entre o sofrimento e a morte. E, embora ele não seja por definição o homem bom, talvez seja o tipo de homem que tem mais chance de se tornar bom.

Índice remissivo

A
Achtung, 57, 113
amor, 44, 61, 67, 81, 103-4
  e bem, 138-41
  Natureza do (Kant), 112
análise linguística, 71, 99
Angst, 57-8, 94, 113
aparência, 20, 39
arte, 84, 100, 117-23, 131
  e moralidade, 92-4, 122
Austin, J. L. (John), 39, 70
Ayer, A. J., 23, 34, 52

B
beleza, 84, 116
  e bem, 11-2, 60, 84
bem, como termo, 18, 75-6, 95, 124
  e amor, 139-40
  e beleza, 12, 60, 84
  e Deus, 99-103
  indefinível, 133-8
  Natureza do (Moore), 11-2, 61, 70

Berkeley, G., 27
bondade, 46, 56, 75-6
Bonhoeffer, 110

C
cogitatio (dados sensoriais), 20-1, 39
conceitos mentais, argumento genético, 20-9, 34-40, 43-5

D
dados sensoriais, 20-1, 38-9
Descartes, René, 20, 22
determinismo, 74, 103
Deus, e bem, 99-100
  e homem, 79-80, 83
  existência, 88-9
Disposition and Memory (Hampshire), 13, 15

E
eu, 93-4, 104, 109, 134-8
existentialismo, 42, 52, 68, 76

F

Fédon (Platão), 95
Fedro (Platão), 48, 84, 116
Freedom of the Individual, The (Hampshire), 74
Freud, Sigmund, 15, 19, 67, 73-4, 77
Fundamentação da metafísica dos costumes (Kant), 46, 111-2

H

Hampshire, 10, 44, 74
  e liberdade de ação, 55-8
  e psicanálise, 40-1, 71
  sobre a Natureza do Homem, 12-9, 23, 52, 63-5, 71, 73
Hare, Richard, 23, 52, 76
Hegel, 69
Heidegger, 73, 99
Hume, David, 22, 27, 39-40, 112

I

Investigações filosóficas (Wittgenstein), 22

J

julgamentos de valor, 11
  terminologia, 18
  unitários, 80

K

Kant, Immanuel, 40, 46-7, 117
  e razão, 46-7, 69
  e sublime, 101
  sobre a Natureza do Homem, 70, 74-7, 109-15, 137-8
Kierkegaard, 68-9, 114, 140

L

língua, 70
  e conceitos morais, 39-40, 50
  e valor unitário, 80-1

M

Marx, 67, 83
McTaggart, 9
metáfora, 128
  e consciência, 107
Moore, G. E., 9, 61, 63, 87
  sobre a Natureza do Bem, 11-2, 61, 70
moralidade, 27-8, 102
  análise, 71
  conceitos, 43-8
  e arte, 92-4, 121-3
  e língua, 40, 50-1, 70
  raciocínio, 16-7, 30-1, 52, 77
  reorientação, 79-80, 94-5

N

Natureza do Homem, 13-20, 61-5
Nietzsche, 100, 111

P

penitência, 40
perfeição, 85
Platão, 45, 48, 60, 78, 91, 95, 97, 122, 129, 136
  e amor, 103
  e beleza, 60, 84, 116, 121, 124
  e o bem, 126-7, 130-6
prece, 78, 115
psicanálise, 41-3, 71, 74, 77
psique, 108-9, 114, 136-7
puritanismo, 112

A soberania do Bem

R

razão, *ver também* moralidade, 17-8, 28, 69

República (Platão), citações, 129-30, 132-3

romantismo, 112-3, 117

Russell, Bertrand, 39, 70

Ryle, Gilbert, 23, 26, 70

S

sadomasoquismo, 94

Sartre, 52, 54, 69, 73-4, 76

Sócrates, 10

Strawson, 48

sublime, 113-4

T

Thought and Action (Hampshire) citações, 10, 13, 15-6, 63

tomada de decisão, 24-7, 34, 38-9

transcendência, 82-6

U

unidade, 80

universais, 27, 45

V

virtude, 46-7, 60, 80-1, 138

visão existencialista-behaviorista da arte, 59-60
do homem, 19-29, 31

vontade, 15, 69, 93, 97, 104, 111
e emoção, 77-80
e razão, 18, 34, 59-60

W

Weil, Simone, 51, 59, 72, 140

Wittgenstein, 13, 23, 35, 38, 68

SOBRE O LIVRO

Formato: 12 x 21 cm
Mancha: 18,5 x 44,5 paicas
Tipologia: Iowan Old Style 10/14
Papel: Pólen Soft 80 g/m² (miolo)
Cartão Supremo 250 g/m² (capa)
1ª edição: 2013

EQUIPE DE REALIZAÇÃO

Edição de texto
Silvia Massimini Felix (Copidesque)
Tulio Kawata (Revisão)

Capa
Estúdio Bogari

Imagem de capa
© Denis Aglichev | Dreamstime.com

Editoração eletrônica
Eduardo Seiji Seki (Diagramação)

Assistência editorial
Jennifer Rangel de França